열 살에 꼭 알아야 할
미국사

열 살에 꼭 알아야 할
미국사

박창섭·윤현주 지음
나수은 그림

머리말

우리에게 아주 특별한 나라, 미국

내가 미국에 온 지도 벌써 11년이 흘렀어. 이 책은 한국에 있는 우리 조카들과 또래의 초등학생들에게 미국 역사에 대해 들려주기 위해 쓰기 시작했어. 미국에서 태어나지는 않았지만 여기서 살면서 보고, 읽고, 들은 것을 모아 어린이들의 눈높이에 맞게 정리했단다.

세계 지도를 펼쳐 보면, 우리나라와 가장 가까운 나라는 일본과 중국이야. 그런데 뉴스를 보면 '미국' 얘기가 참 많아. 토네이도가 와서 수십 명이 다쳤다느니, 뉴욕 맨해튼에 대형 크리스마스트리가 세워졌다느니 하는 기사를 텔레비전이나 인터넷에서 쉽게 볼 수 있지. 미국 프로야구나 프로농구 기사도 자주 접할 수 있어.

왜일까? 미국은 우리에게 아주 특별한 나라이기 때문이지. 우리나라 사람들이 미국으로 건너가 살기 시작한 것은 100년이 훨씬 넘었어. 처음에는 하와이의 사탕수수 밭에서 일하기 위해서였지. 그 뒤로 미국 이민은 계속 늘어나서 지금은 250만 명이 넘는 한인들이 미국 땅에 살고 있단다. 뉴욕이나 로스앤젤레스, 시카고 등 웬만한 미국 도시에는 한인들이 모여 사는 '코리아타운'이 있어.

이뿐만 아니지. 한국 전쟁 때는 우리나라를 위해 많은 미군이 함께 싸워 주었단다. 나는 일리노이주, 펜실베이니아주를 거쳐 지금은 뉴욕주에 살고 있는데, 한국 전쟁에 참전한 미국인을 꽤나 여러 명 만났어. 한번은 비행기 안에서 옆자리에 앉은 할아버지와 얘기를 하다가 깜짝 놀랐어. 그분은 한국 전쟁에 참전했고 당시에 서울, 대구, 부산 등을 가 봤다고 하는 거야. 게다가 부인도 한국 사람이었지. 그만큼 많은 미국 사람들도 한국을 특별한 나라로 기억하고 있어.

이런 이유 때문에 우리나라는 미국과 아주 밀접한 관계를 맺어 왔어. 지금도 정치, 경제, 문화적으로 떼려야 뗄 수 없는 관계지. 2020년 미국 연방 하원 의회 선거에서는 무려 4명의 한국계 후보들이 당선되기도 했단다.

또 미국은 세계적으로 힘이 가장 센 나라이기도 해. 경제면에서 미국은 중국과 1등 경쟁을 하고 있어. 캘리포니아의 실리콘 밸리를 생각해 봐. 세계 정보 통신 시장이 어떻게 돌아가는지 알려면 실리콘 밸리를 살펴보면 될 정도야. 게다가 미국은 달에 처음으로 사람을 보낸 과학 선진국이기도 하지. 할리우드 영화, 브로드웨이 뮤지컬 등 문화적으로도 미국은 세계를 압도하고 있어. 그리고 미국은 무수히 많은 인종과 민족이 함께 살아가는 곳이기도 해.

　이런 독특한 나라를 지구상에서 또 찾기는 어려워. 그렇다면 도대체 미국의 힘은 어디서 나오는 걸까? 미국은 처음부터 힘이 셌을까? 미국은 어떻게 과학 선진국이 되었을까? 미국의 독특한 문화는 어떻게 만들어졌을까? 미국의 다양성은 언제부터 시작됐을까?

　이런 질문들에 답을 하려면, 미국의 과거를 알아야 돼. 다시 말해, 미국이라는 나라가 어떻게 만들어졌는지 알아야 현재의 미국을 제대로 이해할 수 있어. 내가 어린이를 위한 미국사 책을 쓰게 된 것은 이런 이유 때문이야.

　이 책이 미국 역사를 낱낱이 모두 보여 주지는 않아. 대신 역사적으로 중요하고 어린이들이 흥미를 가질 만한 장면을 골라서 쉽게 풀었어. 가령 포카혼타스 이야기를 통해 미국 땅에 처음 정착한 영국인 이주민들이 원주민과 어떻게 지냈는지 설명해 보았지. 또 역사의 순간마다 당시 우리나라 상황은 어땠는지도 짧게 덧붙였기 때문에, 비교하는 재미도 있을 거야.

이 책은 처음부터 차근차근 읽어 나가도 좋지만, 원하는 부분을 골라서 읽어도 괜찮아. 가령 학교에서 '미국과 소련의 갈등'에 대해 배웠다면, 이 책에서 '냉전 시대'를 찾아 읽으면 도움이 많이 될 거야. 사진과 지도, 그림도 많이 넣었으니까 이해하기 쉬울 거야.

자, 그럼 타임머신을 타고 미국의 과거로 여행을 떠나 볼까? 출발!

차례

머리말 우리에게 아주 특별한 나라, 미국

1장 아메리카 대륙에는 누가 살고 있었을까?

아메리카 대륙에 살았던 원주민들 14
대항해 시대와 인디언 19

2장 아메리카 대륙에 도착한 유럽인들

최초의 식민지 도시, 제임스타운 26
이주민과 원주민의 충돌 33

3장 새로운 나라의 탄생

독립 전쟁 40
연방 정부의 탄생 47

4장 넓어지는 미국

영토의 확장 56
서부로 몰려든 사람들과 골드러시 63

5장 남북 전쟁과 노예 해방

노예 제도의 시작 70
남북 전쟁 76

6장 서부 개척과 산업 혁명

개척자의 나라 84
산업의 눈부신 발전 90

7장 사회 정의를 위한 개혁의 바람

진보주의 개혁 운동 98
여성의 투표권 105

8장 세계 강국이 된 미국

스페인과의 전쟁 112
파나마 운하 건설 118

9장 제1차 세계 대전과 대공황

전쟁 뒤의 경제 부흥 126
재즈 열풍 131
대공황과 뉴딜 정책 134

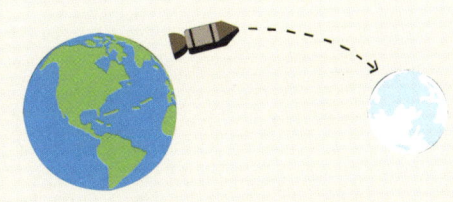

10장 제2차 세계 대전과 냉전 시대

　일본의 진주만 공습　142
　소련과의 오랜 대립　148

11장 혼돈의 시대

　흑인 민권 운동의 시작　156
　케네디 대통령 암살 사건　162
　아폴로 11호의 달 착륙　168

12장 오늘과 내일의 미국

　미국을 이해하는 4가지 키워드　174

1장

아메리카 대륙에는 누가 살고 있었을까?

아메리카 대륙에 살았던 원주민들

우리나라 역사가 얼마나 오래됐는지는 다들 잘 알고 있겠지? 맞아, 우리는 5천 년의 긴 역사를 가지고 있는 자랑스러운 나라야. 그래서 흔히 '반만년 역사'라고 해.

그러면 지금의 미국 땅인 아메리카 대륙에는 언제부터 사람이 살았을까? 유럽인이 아메리카에 첫발을 내디뎠던 것은 1500년대 말이고, 미국이 독립 국가가 된 것은 1776년이지. 그래서 미국 역사는 기껏해야 300년 정도야.

하지만 유럽인이 오기 훨씬 이전부터 그 땅에도 사람들이 살고 있었단다. 역사학자들은 약 3만 년 전부터 아메리카 대륙에 사람이 살았다고 보고 있어.

처음 아메리카에 정착한 사람들은 아시아에서 넘어온 수렵인과 유목민이었어. 3만 년 전에는 아시아 대륙과 북아메리카가 연결되어 있었기 때문에 아시아 사람들이 사냥감을 쫓다가 아메리카 대륙까지 건너올 수 있었지. 바로 이들이 미국 원주민의 조상인 셈이야.

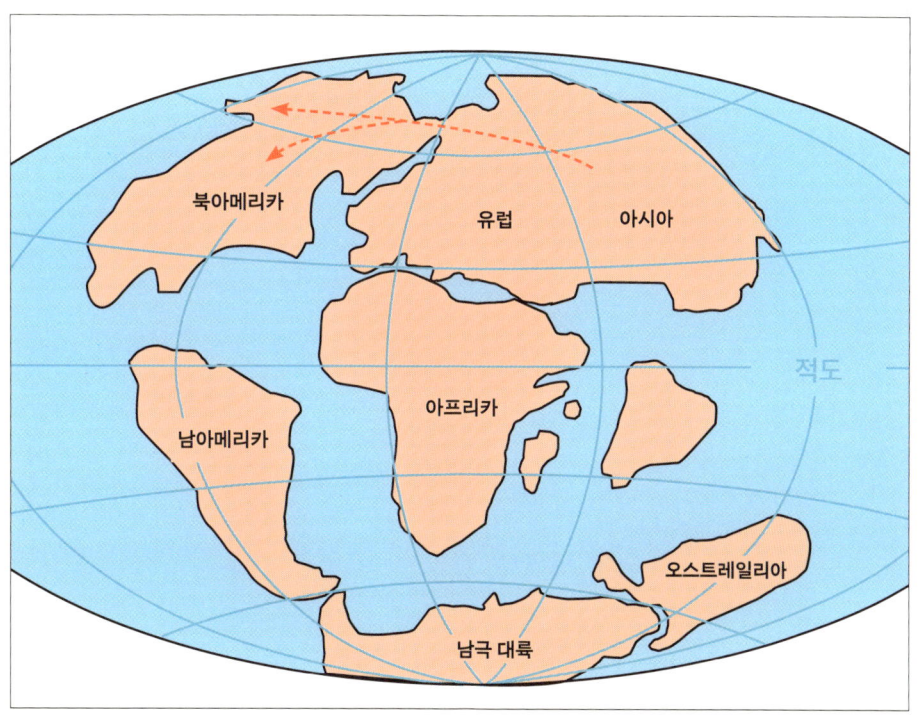

처음 도착한 곳은 아메리카 북쪽 끝에 있는 알래스카였어. 그러다가

조금씩 남쪽으로 내려왔어. 먹을거리와 살기 좋은 날씨를 따라 이동하면서, 점점 아메리카 대륙 곳곳으로 퍼져 살게 됐지. 북서부의 태평양 연안, 남서부의 산맥과 사막 지대, 그리고 중서부의 미시시피강 근처에 자리를 잡았어.

원주민은 부족 중심의 공동체 사회를 만들어서 살았어. 처음에는 주로 사냥을 해서 들소의 고기와 가죽을 얻었을 것으로 짐작하고 있어. 하지만 시간이 지나면서 이들은 채집과 수렵뿐만 아니라 농사를 짓기 시작했지. 옥수수, 호박과 콩 등을 재배해 식량으로 삼았단다. 또 역사학자들은 이들이 태양이나, 물 같은 자연을 숭배하는 원시적 형태의 종교를 가지고 있었다고 추정하고 있어.

날씨와 지형에 따라 원주민들은 먹는 음식과 입는 옷, 집의 모양과 살아가는 방식이 매우 다양했어. 동쪽 바닷가 지역에 사는 부족은 주로 나무껍질이나 나뭇잎으로 집을 지었지. 그리고 농사도 짓고 사냥도 했어. 이들이 식물의 뿌리나 나무 열매를 먹었던 흔적은 곳곳에서 찾아볼 수 있거든.

서쪽 평야 지대에 사는 부족은 숲에서 통나무를 잘라 집을 지었어. 그리고 낚시와 사냥을 통해 먹을거리를 구했지. 중간 지대의 부족은 들소나 물소 사냥을 했고 원뿔 모양 천막에 살았어. 아주 덥고 건조한 날씨가

이어지는 남쪽 지역에 사는 부족은 진흙 벽돌을 만들어 집을 지었지. 이들은 옥수수를 재배하고, 양을 기르고, 사슴 사냥을 하며 살았단다.

얼마나 많은 원주민 부족이 있었는지는 정확히 알기 힘들어. 하지만 역사학자들은 약 1천 개의 언어가 사용됐다고 추정하고 있어. 그렇게 보면 최소한 1천 개 이상의 부족이 아메리카 대륙에 있었다는 말이야.

수만 년 동안 아메리카 대륙에서 살아왔던 원주민의 삶은 유럽인의 등장과 함께 송두리째 바뀌고 말았어. 유럽인은 애초부터 원주민과 함께 살려고 하지 않았어. 살기 좋고 자원이 풍부한 땅을 갖기 위해, 총과 대포 같은 무기로 원주민을 죽이고 쫓아냈지. 현재 미국에는 약 200만 명의 원주민이 원래 살던 땅을 뺏긴 채 정부가 만들어 놓은 보호 구역 안에서 살고 있단다.

대항해 시대와 인디언

아메리카 대륙에서 오랫동안 살아온 미국 원주민을 일컫는 '인디언'이라는 이름은 누가 지었을까? 사실 이들이 원래부터 인디언이라는 이름을 가지고 있었던 건 아니야. 인도를 찾아 항해를 떠난 이탈리아의 탐험가 콜럼버스가 자신이 도착한 아메리카 대륙을 인도인 줄 잘못 알았고, 이곳에 살던 사람들을 '인디오(스페인어로 인도인이라는 뜻)'라고 부른 데서 시작됐단다.

당시 이탈리아와 스페인 등 유럽 여러 나라의 탐험가들은 배를 타고 전 세계를 누볐어. 앞다투어 새로운 땅과 나라를 찾아내 무역을 하던

'대항해의 시대'였지. 이때 가장 인기 있는 무역품은 후추 같은 인도산 향신료였어. 하지만 인도로 가는 길은 멀고도 멀었단다. 게다가 유럽에서 출발하면 반드시 지중해 바닷길을 거쳐야 했는데, 당시 힘이 셌던 오스만 제국(지금의 터키)이 떡하니 지키고 있었어. 오스만 제국은 지나가는 배들에 비싼 통행료를 물렸지. 그러자 유럽의 탐험가들은 지중해를 거치지 않고 인도로 갈 수 있는 길을 찾으려고 노력하기 시작했어.

콜럼버스도 그 가운데 한 명이었지. 그는 지구가 둥글다는 사실에 주목했어. 동쪽으로 가든 서쪽으로 가든 언젠가는 인도에 도착할 수 있을 것이라는 계산이었지. 콜럼버스는 그래서 서쪽으로 향했고 대서양을 가로질렀단다. 유럽을 떠난 지 두 달 만에 도착한 곳이 어디냐 하면 바로 아메리카 대륙이었지. 하지만 아메리카에 대한 아무런 정보가 없는 콜럼버스는 그곳을 당연히 인도라고 생각했어. 그래서 그곳에 사는 사람들을 '인디언'으로 부르기 시작한 거야.

인도인과 아메리카 원주민은 고고학적으로나 인류학적으로 전혀 관련이 없어. 그래서 미국 원주민을 인디언이라 부르는 것이 과연 옳은 것인가를 두고 이런저런 의견이 있었지. 이를테면 미국의 야구 메이저리그 팀 중의 하나인 '클리블랜드 인디언스'의 경우, '인디언'이라는 표현이 적절치 않다는 지적이 계속 있었어. 그래서 2021년까지만 '클리블랜드 인디언스'라는 이름을 쓰고, 이후 시즌부터는 '클리블랜드 가디언

즈'라는 이름을 쓰기로 했지.

미국 원주민이 원하는 건 부족의 원래 이름으로 불리는 거야. 하지만 부족이 너무 많다 보니, 그게 쉽지 않아. 그렇다고 모든 부족을 아우르는 마땅한 이름이 있는 것도 아니거든. 미국 원주민이 스스로를 부르는 이름은 지역이나 나이에 따라 달라. 나이 든 원주민은 스스로를 '인디언'이라고 부르는 경우가 많고 '아메리칸 인디언'이라는 이름을 좋아해. 젊은 미국 원주민은 '인디언'보다는 '토착민'으로 불리기를 원한단다.

현재 공식적으로는 이들을 '네이티브 아메리칸'이라고 불러. 우리말로 번역하면 '미국 원주민' 정도가 될 거야. 그래서 이 책에서는 미국 원주민이라는 표현을 쓸 거란다. 하지만 이 말을 싫어하는 원주민도 많지.

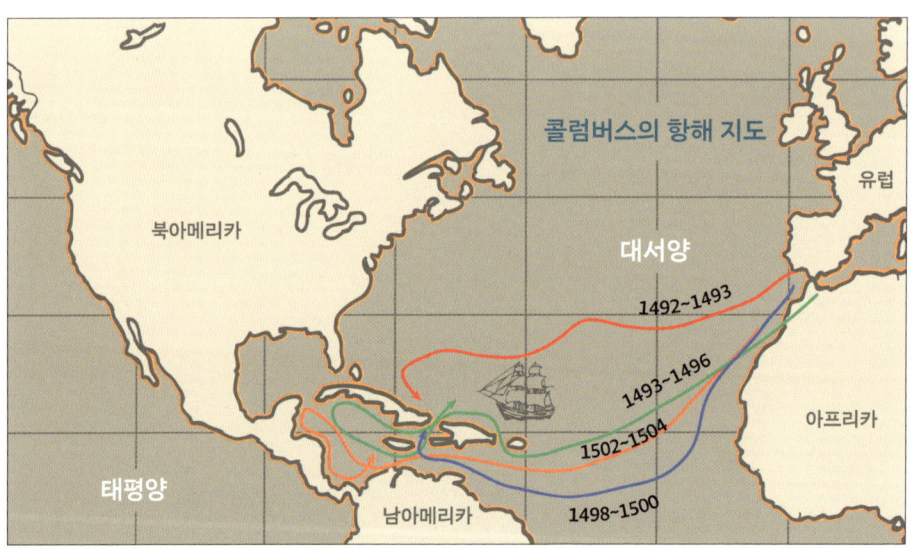

여기서 헷갈리지 말아야 할 게 하나 있어. 미국 원주민이라고 하면 미국 본토의 원주민을 가리킨다는 사실이야. 알래스카주의 원주민은 미국 본토와 멀리 떨어져 있어서 인종이 다르고, 하와이주 원주민도 미국 본토 원주민과는 구별된단다.

지금의 원주민들은 대부분 미국 문화에 익숙해졌어. 대부분 보통의 미국 사람과 다를 것 없이 살고 있지. 일부는 미국 정부가 원주민의 문화를 지키기 위해 마련한 보호 구역에서 살고 있어. 원주민 보호 구역은 미국에 310곳이 있고, 한반도보다 면적이 넓단다.

이곳에 있는 원주민들은 정부의 지원으로 살아가고 있어. 아이들은 무료로 학교를 다닐 수 있고 규모가 큰 곳은 관광지로 바뀌기도 했지. 원주민들은 세금을 내지 않아도 돼. 하지만 원주민의 약 80퍼센트는 직업이 없어. 그리고 절반 정도는 가난하기 때문에 미래가 밝지 못해. 안타까운 현실이지.

2장

아메리카 대륙에 도착한 유럽인들

최초의 식민지 도시, 제임스타운

콜럼버스가 신대륙을 발견하고 나서 스페인은 유명한 무적함대를 내세워 신대륙을 독차지했단다. 다른 유럽 국가들도 신대륙에 관심이 많았지만, 스페인 때문에 선뜻 끼어들 수가 없었지. 그런데 1588년 영국 해군이 스페인의 무적함대를 물리치는 큰 사건이 벌어졌어. 영국은 하루아침에 유럽의 최강대국으로 떠올랐지. 신대륙의 주도권도 자연스럽게 스페인에서 영국으로 넘어갔어.

남아메리카를 식민지로 삼은 스페인과 달리 영국은 현재의 미국과 캐나다, 멕시코가 있는 북아메리카를 목표로 삼았어. 사실 영국은 스페인과 전쟁하기 직전인 1587년에 150여 명의 이민자를 지금의 노스캐롤라이나주 연안의 로어노크섬에 보냈으나 그곳에 정착하는 데는 실패했단다. 4년이 지난 뒤 식량을 실은 배가 그곳을 다시 방문했을 때는 사람이 살았던 흔적조차 찾을 수 없었다고 해.

이 실패의 교훈을 발판 삼아, 1606년 영국은 세 척의 배에 143명을 태워 다시 북아메리카 대륙으로 보냈지. 이들은 런던의 '버지니아'라는 회사가 모집한 이주민들이었어. 다들 신대륙에서 새로운 삶을 시작하겠다는 꿈에 부풀어 있었지. 항해 책임자는 경험이 많았던 크리스토퍼 뉴포트가 맡았어.

당시 영국 국왕 제임스 1세는 이 회사에 식민 사업을 할 수 있는 권리를 내주며 세 가지를 특히 당부했단다. 금을 찾을 것, 아시아로 가는 길을 개척할 것, 로어노크에서 사라진 이주자들이 어디로 간 것인지 알아볼 것 등이었지. 배는 크리스마스 무렵 런던을 떠났는데, 다음 해 1607년 4월에 오늘날의 버지니아주와 메릴랜드주 근처의 체서피크만에 도착했어.

여기서 잠깐! 지금으로부터 400여 년 전인 17세기에 영국인들은 어떤 배를 타고 신대륙에 갔을까? 쾌속선? 크루즈? 아니, 당시 배를 만드는 기술은 지금과는 비교할 수 없을 정도로 형편없었어. 그들은 돛단배

영국인들이 타고 신대륙으로 갔던 배의 복제품

를 타고 망망대해 대서양을 건넜지. 지금 같아서는 상상이 안 되겠지만, 당시에는 이 배가 가장 최신형이었어. 돛으로 바람을 받아 속도와 방향을 조절해 이동하는 방식이지. 사진을 보면 이 배로 항해하는 게 어땠을지 조금은 짐작할 수 있을 거야. 반 년 동안 이런 배를 타고 드넓은 대서양을 건넜으니 어려움이 이만저만이 아니었겠지? 혹독한 추위와 부족한 음식, 불편한 잠자리 때문에 안타깝게도 미국 땅에 도착하기도 전에 무려 39명이 배 안에서 죽었다고 해.

어쨌거나 기나긴 여정 끝에 이들은 북아메리카 대륙에 도착해, 한 섬에 상륙했어. 그리고 이 섬에서 머물기로 결정했어. 바다와 적당히 떨어져 있고, 섬이면서도 늪과 이어져 있어 육지로 오가기도 좋고 적의 공격을 막는 데도 유리해 보였기 때문이었지. 이들은 기후와 환경이 좋고 먹을 것 또한 많을 거라고 생각했단다. 그래서 당시 영국 국왕 제임스 1세의 이름을 따서 이곳에 '제임스타운'이라는 근사한 이름도 붙였어. 이곳은 아메리카 대륙의 영국 식민지가 된 거야.

지금도 제임스타운은 미국의 기원이 된 도시로 유명해. 해마다 많은 미국인이 관광을 오지. 현재의 제임스타운은 17세기 당시의 모습을 고스란히 간직하고 있단다.

그런데 기대가 너무 컸던 탓일까? 얼마 지나지 않아 제임스타운에서 살기로 한 것이 그리 현명하지 않은 결정이었음이 드러났지. 금과 은은 아무리 찾아봐도 없었고, 무엇보다 섬 전체가 모래땅이라 먹을 물을 구하기도 힘들었거든. 우물을 파 봤지만, 소금기 밴 짠물만 잔뜩 나왔단다. 할 수 없이 이들은 강물을 식수로 써야 했어. 게다가 날씨가 더워지면서 인근 늪에서 극성스러운 모기떼까지 달려들었지. 모기는 이질과 말라리아 병균을 옮기는 곤충이란다. 요즘에는 치료제가 있어서 괜찮지만, 당시에는 치료제는커녕 모기가 병을 옮기는지도 몰랐기 때문에 많은 사람들이 모기 때문에 심하게 앓거나 세상을 떠났어.

그렇다면 먹을거리는 많았을까? 낯선 땅에서 바로 농사를 지을 수는 없었지. 어떤

제임스타운 박물관에 있는 초기 정착민의 집

29

곡식을 심는 게 좋을지 살펴봐야 했으니까. 그래서 영국에서 가져온 식량으로 버텨야 했는데, 시간이 가면서 식량이 부족해졌어. 배고픔의 고통은 겪어 본 사람들만 알 수 있을 거야. 이런 온갖 어려움 속에 많은 사람들이 목숨을 잃었지.

식량과 보급품을 가져오기 위해 영국으로 갔던 크리스토퍼 뉴포트 선장이 이듬해 1월 제임스타운에 돌아왔을 때는 그곳 사람들의 60퍼센트 이상이 죽고, 고작 38명만 살아남은 상태였단다.

그나마 남은 사람들이 살 수 있었던 것은 존 스미스 선장 덕분이었어. 그는 이민자들이 가져온 장식품이나 담요를 원주민들에게 주고 대신 식량을 얻었지. 원주민을 설득해서 함께 집을 짓기도 했고. 하지만 사정이 조금 나아졌을 뿐, 힘든 시간은 계속되었단다.

그러던 중 뜻밖의 기회가 생겼어. 담배씨를 들여와 처음으로 담배를 재배하기 시작한 거야. 드디어 돈을 벌 수 있는 방법을 찾아낸 셈이지. 당시 담배는 영국에서 귀족들의 기호품으로 큰 인기였어. 담배 재배는 빠르게 늘어났어. 1671년에는 약 9천 킬로그램 정도의 담배를 영국으로 수출할 정도였지. 덕분에 제임스타운은 조금씩 안정되기 시작했어.

담배 얘기가 나온 김에 흑인 노예에 대해서 잠깐 알아볼게. 다른 농사에 비해 담배 농사는 힘들고 일손이 더 많이 필요해. 그래서 런던 버지니아사는 북아메리카 이민자를 늘리기 위해 사람들에게 무조건 땅을

공짜로 나눠 주었지. 그러자 영국에서 가난하게 살던 많은 사람들이 북아메리카 대륙으로 건너오게 되었어.

그래도 일손은 여전히 부족했어. 그런데 1619년 네덜란드 배가 20여 명의 흑인 노예를 데리고 와서 버지니아의 한 담배 농장에서 일을 시키기 시작했어. 이를 계기로 흑인 노예 매매가 본격적으로 이루어지게 된 거야. 결국 영국 최초의 식민지는 영국인의 노력과 흑인들의 노동력이 바탕이 되어 점차 번창했다고 볼 수 있지.

작은 섬에서 시작한 도시였지만 제임스타운은 거의 100년 동안 초기 정착민 사회의 중심지였어. 이후 이주자들은 계속 늘었단다. 1620년에는 종교적 박해를 피해 영국을 떠난 한 무리의 청교도들이 매사추세츠 주의 플리머스에 정착했지. 제임스타운이 최초의 식민지이기는 하지만 많은 미국인은 플리머스에 정착한 사람들을 미국의 선조로 생각해. 그 이유는 미국의 지배적인 종교가 개신교이기 때문이야.

이후에도 이민 행렬은 계속됐고 대부분은 영국인이었어. 하지만 네덜란드, 스웨덴, 독일, 프랑스, 스코틀랜드와 북아일랜드에서도 전쟁이나 정치적 억압 등을 피해 아메리카 대륙으로 넘어왔어.

이주민과 원주민의 충돌

미국의 역사를 얘기할 때 용감한 '포카혼타스'를 빼놓을 수 없어. 아마 많이 들어 봤을 거야. 이 사람의 이야기는 1995년에 디즈니에서 영화로 만들었고, 책으로도 나왔지. 그런데 포카혼타스라는 이름이 좀 특이하지? 포카혼타스는 아메리카 원주민이야.

영국인들이 도착하기 훨씬 이전부터 북아메리카 대륙에는 이미 여러 부족의 원주민들이 살고 있었어. 체서피크만 근처에도 '알곤킨'이라는 불리는 원주민들이 살았어. 무려 32개의 부족이 125개 마을에 나눠 살았대. 시간이 흐르면서 이들 부족들은 연맹체를 만들었어. 포우하탄은 연맹체를 이끄는 강력한 대추장이었고 포카혼타스는 그의 딸이었어.

포카혼타스의 원래 이름은 '마토아카'였어. '작은 눈의 깃털'이라는 뜻이지. 마토아카는 어렸을 때부터 무척이나 자유분방하고 장난치기를 좋아했어. 그래서 포우하탄은 딸에게 포카혼타스라는 별명을 붙여 줬지. 포카혼타스는 원주민 말로 '작은 장난꾸러기'라는 뜻이야. 1607년 영국인들이 체서피크만에 도착해 정착촌 제임스타운을 만들 때, 포카혼타스는 불과 열두 살의 어린 소녀였어.

앞에서 얘기한 존 스미스 선장 기억나지? 제임스타운에 정착을 하기 위한 스미스의 노력과 행동은 단연 돋보였어. 그는 정착지 주변을 살펴보면서 원주민과 협상해 식량을 구해 오는 임무를 맡았지. 일찍이 네덜란드를 거쳐 헝가리, 터키, 러시아를 탐험하면서 기른 단단한 용기와 말솜씨 덕분에 이런 일들을 잘 해냈단다.

1607년 12월 스미스는 식량을 구하러 9명의 일행과 함께 강을 거슬러 오르고 있었어. 그러다가 원주민의 포로가 되고 말았지. 그는 원주민 추장 포우하탄 앞으로 끌려갔어. 원주민들은 그를 죽이기 위해 바위에 눕혔어. 그리고 스미스의 머리를 내리치려는 순간, 포우하탄의 딸 포카혼타스가 달려 나와 스미스의 목을 껴안고 그를 살려 달라고 간청했지. 뜻밖의 사태에 놀란 포우하탄은 이를 신의 계시로 여겨 스미스를 그냥 돌려보냈단다. 스미스는 나중에 영국으로 돌아온 뒤 쓴 책에서 당시 일을 회상해 이렇게 적었어.

그녀(포카혼타스)는 곤봉에 자신의 머리를 맞을지 모르는 위험에도 불구하고 내 목숨을 살려 주었다. 그뿐만 아니라 그녀는 자신의 아버지를 설득했고, 그래서 나는 제임스타운으로 안전하게 돌아올 수 있었다.

이 만남을 계기로 포카혼타스는 스미스와 친해지고, 제임스타운에 자주 찾아가 소년들과 함께 놀기도 했어. 이주민들이 굶주림에 시달릴 때는 아버지에게 부탁해 많은 양의 식량을 무료로 주기도 했지. 초기 이주민들을 굶주림으로부터 구한 게 바로 포카혼타스인 셈이야.

스미스는 이 사건으로 이주민들로부터 많은 존경을 받았어. 그는 1608년 9월 임기 1년의 식민지 위원장으로 선출됐지. 그는 울타리를 더욱 단단하게 쌓고, 우물을 깊이 파 안전하게 마실 물을 확보하고, 옥수수 재배 면적도 크게 늘렸어.

이후 포카혼타스는 스미스를 한 번 더 구해 주었어. 포우하탄 추장이 스미스와 몇몇 이주민들을 초대해서 푸짐하게 대접했어. 그런데 시간이 늦어져 원주민 마을에서 하룻밤을 보내야만 했어. 그날 밤, 포카혼타스가 몰래 스미스의 오두막으로 찾아와서는 놀라운 사실을 알려 주었어. 다음 날 스미스 일행이 음식을 먹기 위해 무기를 내려놓으면 자신의 아버지가 모두 죽일 거라고 말이야. 포카혼타스의 말을 들은 스미스와 그 일행은 다음 날 음식을 먹는 중에도 계속 무기를 들고 있었단다. 그래서 무사히 제임스타운으로 돌아올 수 있었지.

하지만 몇 년 뒤 영국 이주민과 원주민 사이에 싸움이 일어났을 때 포카혼타스는 이주민들에게 포로로 잡히고 말았어. 포카혼타스는 이주민들에게 잘해 줬는데, 이주민들은 그녀를 포로로 사로잡았다니 너무 슬픈 일이지? 포카혼타스는 이주민들에게 잡혀 있는 동안 세례를 받고 기독교로 종교를 바꾸었어. 그리고 이름도 영국식인 '레베카'로 바꾸었지. 시간이 흐른 뒤 이주민들은 포카혼타스에게 원래 부족에게 돌아가도록 허락했지만, 그녀는 그곳에 남기로 결정했단다. 그녀는 담배 농장을 하던 존 롤프와 결혼하고 이듬해 아들을 낳았어.

다시 몇 년이 흐른 다음, 롤프 가족은 런던으로 여행을 떠났어. 포카혼타스는 문명화된 미개인으로 영국에 소개되었지. 그녀는 크게 환대를 받고 궁전의 가면무도회에도 참석할 정도로 유명 인사가 되었어.

이 시기는 유럽에서 온 이주민과 원주민들이 협력과 갈등을 하면서 어색하게 섞여 있던 때라고 할 수 있어. 일부 지역에서는 무역을 하거나 사이좋게 지내기도 했지만, 대체로 이주민들이 자신들의 영역을 확장하면서 원주민들을 강제로 몰아냈지. 유럽인에게 아메리카 대륙은 기회의 땅이었지만, 원주민들에게는 고통과 슬픔의 땅이 되고 만 거야.

3장

새로운 나라의 탄생

독립 전쟁

이제 신대륙에 자리 잡은 사람들이 해야 할 일은 뭘까? 새로운 땅을 열심히 가꿔 잘 사는 것이겠지. 매사추세츠, 코네티컷, 로드아일랜드 등 동부 바닷가에 정착한 이주민들은 목재업, 어업, 조선업이나 무역에 바탕을 둔 경제를 발전시켰고, 뉴욕과 펜실베이니아를 포함한 동부와 중부 지역에서는 농업과 상업에 집중했단다. 아프리카 노예를 데려오기 시작하면서 남부에서는 대규모 농업이 발전했지. 경제가 발전하면서 정치와 문화도 발달하기 시작했어. 영국과는 많이 떨어진 아메리카 대륙에 식민지를 성공적으로 건설한 거야. 하지만 그럴수록 영국 정부와의 갈등도 점점 커졌지.

그러던 중 원주민이 살고 있는 땅을 두고 영국과 프랑스 사이에 전쟁(1754~1763년)이 일어났어. 이 전쟁에서 승리한 영국은 넓디넓은 땅을 차지하게 되었고 이를 관리하기 위해 돈이 더 필요했지. 그래서 식민지에서 세금을 더 거두어야겠다고 결정하고, 1764년에 '설탕법'을 만들어서 식민지로 들어오는 설탕, 커피, 비단, 포도주 등의 사치품에 세금을 매겼어. 또 이듬해에는 '인지세법'을 만들었는데, 이 때문에 모든 법률 문서나 신문, 면허증이나 임대차 계약서에도 인지를 구입해 붙여야 했어.

이렇게 되자 이주민들은 화가 머리끝까지 났어. 수천 킬로미터나 떨어져 있는 영국 정부가 무슨 근거로 세금을 이렇게 많이 걷느냐는 불만이었지. 9개 식민지에서 온 27명의 대표들은 1765년 10월, 뉴욕에 모여 이주민의 권한을 주장하는 결의안을 통과시켰어. 어쩔 수 없이 영국은 인지세를 걷는 것을 멈췄지만, 이후에도 이주민들의 불만은 줄어들지 않았단다.

여기서 우리가 놓쳐서는 안 될 사람이 있는데, 바로 새뮤얼 애덤스야. 애덤스는 신문 기사와 연설로 이주민들에게 민주주의 정신을 호소했지. 식민지 전체를 아우르는 위원회를 만들고, 미국이 영국으로부터 독립해야 한다고 주장하기도 했어.

애덤스의 호소는 특히 식민지에서 무역을 하는 사람들의 관심을 끌었어. 그러던 중 1773년 12월 한 무리의 사람들이 보스턴 항구에 있던 영국 선박 세 척에 몰래 들어가 실려 있던 차 상자를 바다에 내던져 버리는 사건이 벌어졌어. 이것이 '보스턴 차 사건'이야. 화가 난 영국은 즉각 보스턴 항구를 폐쇄하고 매사추세츠 자치 정부의 권한을 줄인다고 발표했지. 그러자 식민지 사람들은 더욱 똘똘 뭉치게 되었어. 1774년 9월 조지아주를 제외한 12개 식민지 대표들이 필라델피아에서 모여 회의를 했는데 이것이 '대륙 회의'야.

대륙 회의에 참석한 각 주의 대표들은 영국의 횡포에 불만을 쏟아냈어. 하지만 어떻게 할 것인가에 대해서는 의견이 하나로 뭉쳐지지 않았어. 어떤 주는 영국 국왕의 지시를 계속 받아야 한다고 말했고, 어떤 주는 영국과 사이좋게 지내기 위해 타협해야 한다고 주장했거든. 물론 싸워서라도 독립해야 한다는 주도 있었지.

자, 이제 본격적으로 미국의 독립 전쟁에 대해 얘기해 볼까? 독립 혁명이라고도 부르는 독립 전쟁은 1775년 4월 19일 영국 군대와 식민지 무장 세력 사이의 작은 전투에서 시작되었어.

영국군은 독립을 요구하는 식민지 혁명주의자들이 작은 도시 렉싱턴에 모아 둔 무기를 빼앗으려고 했지. 이 과정에서 영국군은 식민지 민병대와 맞닥뜨리게 되었어. 영국군은 해산하라고 명령했고 민병대는 지시를 따르는 듯했으나, 후퇴하는 과정에서 누군가가 총을 쏘는 바람에 전투가 벌어지고 말았어. 이 전투에서 영국군 250명 이상이 죽거나 부상당했고 민병대도 93명이나 다치거나 죽었지.

이 사건이 일어난 지 얼마 뒤인 1775년 5월 10일 식민지 대표들은 필라델피아에서 제2차 대륙 회의를 열었어. 이번에는 13개 식민지 대표가 모두 모였지. 여기서는 대표들의 반 이상이 영국과 전쟁을 벌이는 것에 찬성했어. 그들은 민병대를 모아 대륙 군대를 만들기로 합의하고, 버지니아주의 대표인 조지 워싱턴(나중에 미국 제1대 대통령이 됨)을 사령관으로 임명했어. 하지만 화해할 방법도 찾아보기로 했어. 그래서 영국 국왕 조지 3세에게 더 이상의 식민지 사람들을 적으로 대하지 말라는 결의안을 발표하기도 했지.

그러나 영국 국왕은 받아들이지 않았어. 오히려 식민지들이 반역했다고 선포하는 바람에 갈등은 더욱 깊어 갔지. 특히 토머스 페인은 영국으로부터 독립해야 한다는 여론을 만드는 데 큰 역할을 했단다. 그는 10만 부 넘게 팔린 《상식》(1776년)이라는 책에서 세습 군주제를 공격했어. 세습 군주제란 한 가문의 사람들이 대를 이어 왕권을 가지는 걸 말해. 토머스 페인은 국왕에게 계속 복종할 것인가, 아니면 독립적인 나라의 자유와 행복을 누릴 것인가를 선택해야 한다며 이주민들에게 독립을 위해

나설 것을 설득했지.

마침내 제2차 대륙 회의에서는 독립하겠다는 뜻을 담은 문서를 만들기로 결정했어. 벤저민 프랭클린, 존 애덤스(미국 제2대 대통령), 로저 셔먼, 로버트 리빙스턴, 토머스 제퍼슨(미국 제3대 대통령) 이 다섯 사람이 미국 독립 선언문의 기초를 만드는 작업을 했어. 그리고 1776년 7월 4일 마침내 독립 선언문을 발표했지.

독립 선언문 초안에 서명하는 모습을 그린 그림

독립 선언문은 미국이라는 독립된 국가의 탄생을 선언했을 뿐만 아니라, '인간의 자유'라는 사상도 전 세계에 널리 알렸단다. 이후 매년 7월 4일을 미국의 독립 기념일로 정해 축제를 열고 있어. 독립 기념일의 불꽃놀이는 정말 성대하단다.

독립을 선언했다고 해서 미국인들이 곧바로 자유를 얻은 것은 아냐. 독립을 외치는 미국인들을 영국이 가만히 놔둘 리 없잖아? 전투는 계속되었어. 영국군은 롱아일랜드, 뉴욕 등에서 대륙 군대를 물리치고 펜실베이니아에서도 이겨 필라델피아를 차지했어.

식민지 군대의 사령관이었던 조지 워싱턴은 다른 나라에서 도움을 받기 위해 계속 노력했지. 큰 도움을 준 나라는 프랑스야. 프랑스는 1778년 미국의 독립을 인정하고 미국과 방위 조약을 맺었어. 쉽게 말해 위기에 처했을 때 서로 돕자는 내용이지. 프랑스가 미국을 지원한 이유는 미국의 뜻을 높이 샀다기보다는, 오랜 앙숙 관계였던 영국을 누르기 위해서였어.

매사추세츠주 렉싱턴에서 처음 시작된 독립 전쟁은 대륙 곳곳에서 8년간 계속되었어. 길고 지루한 싸움이었지. 그러다가 1783년 4월 15일 영국과 미국은 마침내 파리에서 평화 조약을 맺고 13개 주의 독립을 인정하게 되었지.

미국 독립 전쟁은 전 세계에 큰 영향을 미쳤어. 무엇보다 '천부인권'의 개념을 널리 퍼뜨렸지. 천부인권은 모든 인간은 태어나면서부터 생명, 자유, 평등과 같은 기본적인 권리를 갖는다는 생각이야. 멀리서 미국의 독립을 지켜본 유럽 사람들은 자유주의 사상에 눈뜨기 시작했어.

연방 정부의 탄생

 북아메리카 대륙의 13개 식민지는 영국과의 독립 전쟁에서 승리함으로써 마침내 1783년 미국의 13개 주가 되었어. 버지니아주 제임스타운에 최초의 식민지를 만든 이후 170년이 지나서야 미국은 비로소 국가가 된 셈이지.

 하지만 제대로 된 국가를 만들려면 많은 것이 필요했어. 무엇보다 헌법이 급했지. 독립 전쟁이 끝날 때쯤 13개 주는 '연합 헌장'을 만들었어. 너무 급하게 만든 허술한 것이라 조지 워싱턴도 이것을 '모래 밧줄'이라고 부를 정도였지. 왜냐하면 연합 헌장에는 공통의 화폐나 군대, 세금

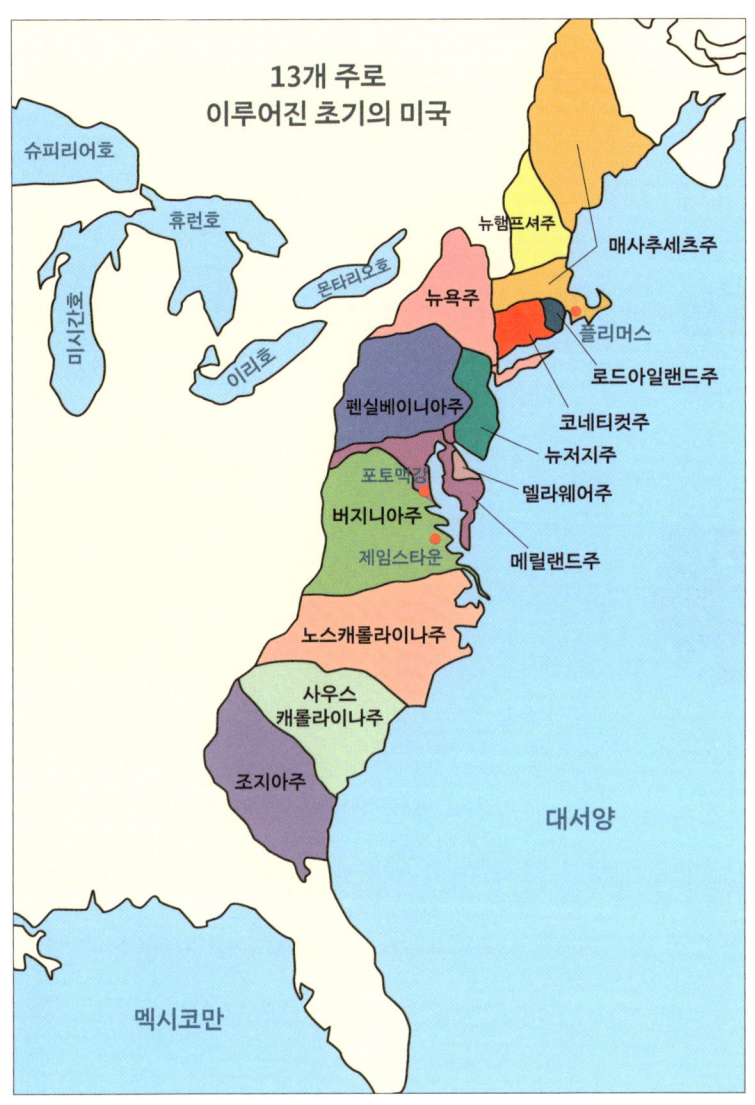

제도에 대한 내용이 없었거든. 당시에는 각 주마다 다른 화폐를 만들어 사용했고 주마다 따로 군대를 두고 있었거든. 외교에 대한 내용도 찾아

볼 수 없었지.

연방 국가를 어떻게 만들지 혼란이 이어지는 가운데, 메릴랜드주와 버지니아주가 포토맥강의 이용권을 둘러싸고 갈등을 벌이게 되었어. 그러자 5개 주가 메릴랜드주 애너폴리스에 급하게 모였지. 뉴욕주 대표인 알렉산더 해밀턴은 포토맥강을 둘러싼 갈등이 두 주만의 문제만은 아니라고 주장하면서 식민지 대표자 회의를 열자고 제안했어. 당시 미국에서 가장 신뢰받던 조지 워싱턴이 이 제안을 지지하자 논의는 빠르게 진행됐어.

마침내 1787년 5월 필라델피아에서 식민지 대표자 회의가 열렸어. 여기에서 선출된 55명의 대표자는 식민지 정부나 주 정부에서 일한 경험이 있던 사람들이야. 그들은 역사와 법률과 정치에 대한 지식이 풍부했지. 대부분 젊은 나이였지만, 이제 노년기에 접어든 벤저민 프랭클린도 있었단다. 미국 독립에서 큰 역할을 했을 뿐만 아니라, 피뢰침과 다초점 렌즈를 발명한 과학자이자 계몽사상가이기도 했지.

대륙 회의는 연합 헌장을 수정할 권한을 대표자 회의에 넘겨주었어. 대표자들은 연합 헌장을 버리고, 입법권과 사법권과 행정권의 분리에 바탕을 둔, 새 연방 헌법을 만들었지. 그래서 이 모임은 미국 역사에서 '제헌 회의'라고 불려. 우리나라의 헌법이 만들어진 1948년 7월 17일도 제헌절이잖아.

헌법은 만들어졌지만 세부 조항을 마련하는 일은 쉽지 않았어. 각 주의 의견이 달랐기 때문이야. 많은 대표자들이 강력한 연방 정부를 지지했지만 몇몇 대표자는 주의 권한을 지키는, 약한 형태의 연방 정부를 원했어. 또 다른 대표자는 미국인들이 아직 스스로를 통치할 만큼 현명하지 못하다며 대중 선거를 해서는 안 된다고 말하기도 했지. 작은 주에서 온 대표자는 연방 의회에서 동등한 대표권을 요구한 반면, 큰 주에서 온 대표자는 자신들이 더 많은 권한을 가져야 한다고 주장했어.

노예 제도도 역시 논란이 되었지. 노예 제도가 불법인 주의 대표자는 노예 제도를 없애기를 희망했지만 노예 제도가 있는 주의 대표자는 노예 제도 폐지에 반대했어. 연방에 속하는 주의 수를 줄이자는 주장도 나왔고 서부에 새로 개척된 지역에 주의 지위를 주자는 목소리도 있었단다. 의견 충돌은 많았지만 다행히 타협을 통해 해결책을 찾아냈지.

헌법 초안은 긴 문서가 아니었어. 하지만 지금까지 연구된 것 중에서 가장 복잡한 정부의 구조를 제시했지. 연방 정부는 화폐 발행, 과세, 특허권 부여, 외교 정책 수행, 우체국 설립, 군대 유지와 교전에 대해 권한을 가지게 됐어. 이와 함께 서로 견제하고 균형을 가질 수 있도록 의회 제도, 대통령 제도, 그리고 사법 제도라는 세 개의 정치 틀을 만들어 냈지.

경제적으로 어떤 것이 이득인가 하는 것이 헌법 초안 마련에 영향을 끼쳤지만, 각 지역의 특성과 주장도 영향을 주었어. 또 초안을 맡은 사람들의 생각도 중요했지. 그들은 개인의 자유와 공공의 이익을 동시에 책임질 정부를 만들어야 한다고 믿었단다.

4개월 동안 심의한 끝에 1787년 9월 17일, 마침내 대표자의 반 이상이 새 헌법에 서명하게 되었어. 여전히 반대하는 사람들은 강력한 중앙 정부가 엄청난 권한을 가지지 않을까 걱정했지. 하지만 찬성하는 사람들은 견제와 균형의 원리에 맞추어 만든 제도이기 때문에 그런 일은 발생하지 않을 것이라고 말했어. 이 논쟁 속에서 두 개의 당파가 탄생했단다. 바로 '연방주의자'와 '반연방주의자'였지.

연방주의자들은 강력한 중앙 정부를 외치면서 헌법을 지지했고, 반연방주의자들은 느슨한 형태의 주 연합을 선호하면서 헌법에 반대했어. 하지만 결국 13개 주 중 9개 주가 새 헌법을 비준(최종적으로 확인·동의하는 절차)함으로써 미국 헌법이 탄생하게 되었단다.

헌법이 비준된 이후에야, 많은 미국인들은 필수적인 요소가 빠져 있다는 것을 깨달았어. 헌법이 개인의 권리를 포함하고 있지 않다는 거야. 그래서 1789년 9월 뉴욕에서 최초의 연방 의회가 열렸을 때, 개인의 권리와 관련된 조항들을 추가하기로 합의했어. 이 10개의 수정 조항을 '권리

장전'이라고 해.

그중 몇 가지를 살펴보면, 첫 번째 수정 조항은 언론과 출판과 종교의 자유, 그리고 정부에 대한 항의와 평화로운 집회의 권리를 보장하는 내용이지. 네 번째 조항은 불합리한 수색과 체포로부터 시민들을 보호하고, 다섯 번째 조항은 형사 사건에서의 적법 절차를 규정하고 있어. 여섯 번째 조항은 공정하고 신속한 재판을 받을 권리를 보장하고, 여덟 번째 조항은 잔인하고 비정상적인 처벌로부터 시민들을 보호한다고 되어 있지.

그 이후 지금까지 미국 헌법은 거의 수정 없이 17개의 조항만 추가되었단다.

4장

넓어지는 미국

영토의 확장

미국은 1789년 드디어 연방 정부를 출범시키고 이후 1850년까지 넓은 북아메리카 대륙을 정복해 나갔어. 이 시기를 '영토 팽창의 시대'라고 부른단다. 영토 확장을 설명하기 전에 간단하게 연방 초기의 정치 상황을 얘기해 볼게. 왜냐하면 초기의 정치 구도가 이후에 일어난 남북 전쟁과 노예 제도 폐지와 맞물려 있기 때문이야.

미국 초대 대통령이 누굴까? 맞아. 조지 워싱턴이지. 그는 1789년 4월 30일 미국의 제1대 대통령으로 취임했어. 취임 후 의회와 협력해 국무부, 재무부, 법무부, 국방부를 만들었지. 대법원장 한 명과 대법관 다섯

명으로 구성된 대법원도 만들었어. 명실상부한 국가의 틀이 마련된 셈이야.

조지 워싱턴은 첫 임기를 마친 뒤 다시 대통령에 선출되었어. 두 번째 임기를 마친 뒤에도 그를 지지하는 사람은 많았지만 3선 연임을 거절하고 사임했어.

조지 워싱턴의 뒤를 이어 존 애덤스와 토머스 제퍼슨이 차례로 대통령에 취임했는데, 두 사람은 정부의 역할에 대해 서로 다른 생각을 가지고 있었어. 존 애덤스는 '연방주의자'였고 주로 상업과 공업을 더 발전시키길 원했지. 또 무정부 상태를 두려워했고, 국가 차원의 경제 정책을 수립하고 질서를 유지하는 강력한 중앙 정부를 원했어. 연방주의자들은 주로 상업과 공업이 발달한 북부에서 지지를 받았지.

반면 토머스 제퍼슨은 '반연방주의자'로 남부에서 농장을 경영하는 사람들의 입장을 대변했어. 그는 강력한 중앙 정부에 반대했고, 각 주의 권리를 강조했지.

이제 영토 확장 얘기를 해 볼까? 연방 헌법이 만들어지고, 연방 정부가 들어서면서 미국은 정치적으로 매우 안정이 됐어. 경제도 눈부시게 발전했고 말이야. 연방 정부 수립 이후 대략 20년 동안 신생국 미국은 평화로운 환경에서 번성할 수 있었단다. 이제 남은 것은 개척을 기다리고 있는 넓디넓은 땅이었지.

1783년 독립 당시의 미국 영토는 북아메리카 대륙 동쪽 일부분에 불과했어. 애팔래치아산맥 동쪽에 13개 주가 있었고, 산맥 서쪽에서 미시시피강까지는 오늘날 중서부(오하이오, 일리노이, 인디애나, 미시간, 위스콘신 등)라 불리는, 당시에는 아직 주권을 갖지 못한 영토가 있었지. 서쪽의 절반 이상은 스페인 땅이었고, 북쪽(오늘날 캐나다)은 영국의 땅이었지. 또 남쪽으로는 스페인, 영국, 프랑스 등이 서로 땅을 차지하려고 다툼을 벌이고 있었어.

그런데 이런 나라가 불과 60년 만에 북아메리카 대륙 대부분을 차지할 정도로 커진 거야. 그 이유는 미국에 유리하게 작용한 유럽의 상황이 큰 몫을 했지. 1789년 프랑스 혁명이 일어나면서 이후 1815년 나폴레옹 전쟁이 끝날 때까지 유럽의 열강들이 혁명과 반혁명으로 나뉘어 전쟁을 벌였거든. 즉, 유럽의 나라들은 미국 대륙에 신경을 쓸 겨를이 없었던 거야.

이 틈을 타고 1803년 제퍼슨 대통령은 나폴레옹으로부터 넓은 루이지애나를 사들여 단숨에 영토를 두 배로 늘렸어. 당시 영국과의 전쟁을 앞둔 나폴레옹은 군자금 마련을 위해 1,500만 달러라는 헐값에 루이지애나(미시시피강 서쪽에서 로키산맥 동쪽에 이르는 지역으로 오늘날의 루이지애나주와는 다름)를 팔아 버렸지. 아마 프랑스는 이후 땅을 치고 후회했을 거야.

기존 영토와 맞먹는 넓이의 이 지역에서 훗날 13개 주가 새로 생겨났단다. 그리고 1819년에는 스페인으로부터 플로리다까지 사들여 영토를 넓혔지.

한편 1836년에는 미국 남서쪽 국경 넘어 멕시코 땅에 정착한 미국계 이민자들이 텍사스공화국을 설립하고 멕시코로부터 독립을 선포했어. 이 나라는 당시 노예 제도를 시행하고 있었기 때문에 연방 정부는 텍사스가 미국에 합병되는 것을 꺼렸지. 그러나 1845년 제임스 포크 대통령이 텍사스를 미국 연방의 28번째 주로 받아들였어. 물론 멕시코가 가만히 있지 않았지. 결국 미국과 멕시코 사이에 전쟁(1846~1848년)이 일어

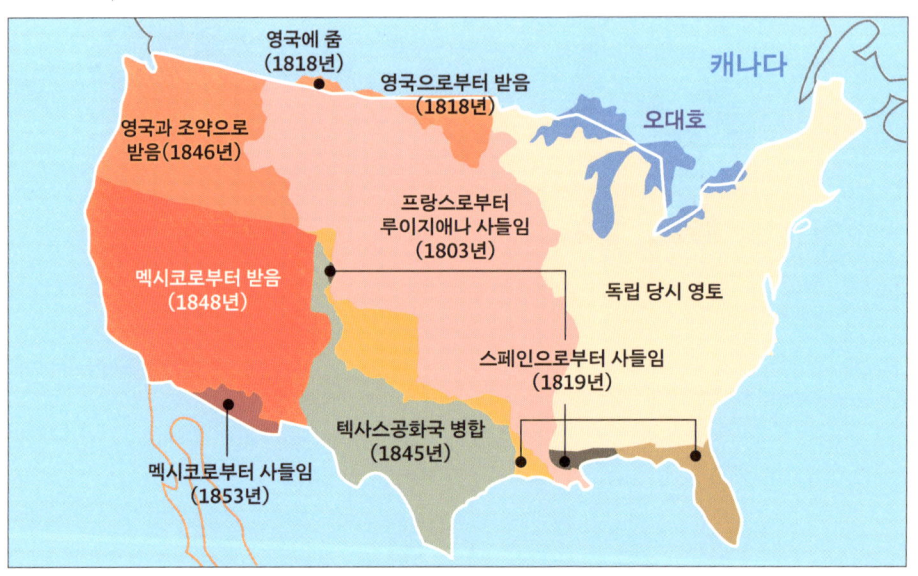

나고 말았어.

　미국은 멕시코와의 전투에서 대부분 이겼고 로스앤젤레스를 포함한 캘리포니아의 여러 도시를 점령했지. 1848년 멕시코가 평화 협정을 요청해 오자, '과달루페-이달고 조약'을 맺고 전쟁은 끝났어. 하지만 멕시코의 타격은 컸어. 이 조약으로 미국은 겨우 1,825만 달러를 주고 멕시코로부터 뉴멕시코, 캘리포니아, 콜로라도, 애리조나, 네바다, 유타 등을 사들였거든. 이제 미국은 한반도 넓이의 15배에 이르는 어마어마한 땅을 가지게 되었지.

　미국 서부 로스앤젤레스, 샌프란시스코, 샌디에이고 등의 도시들은

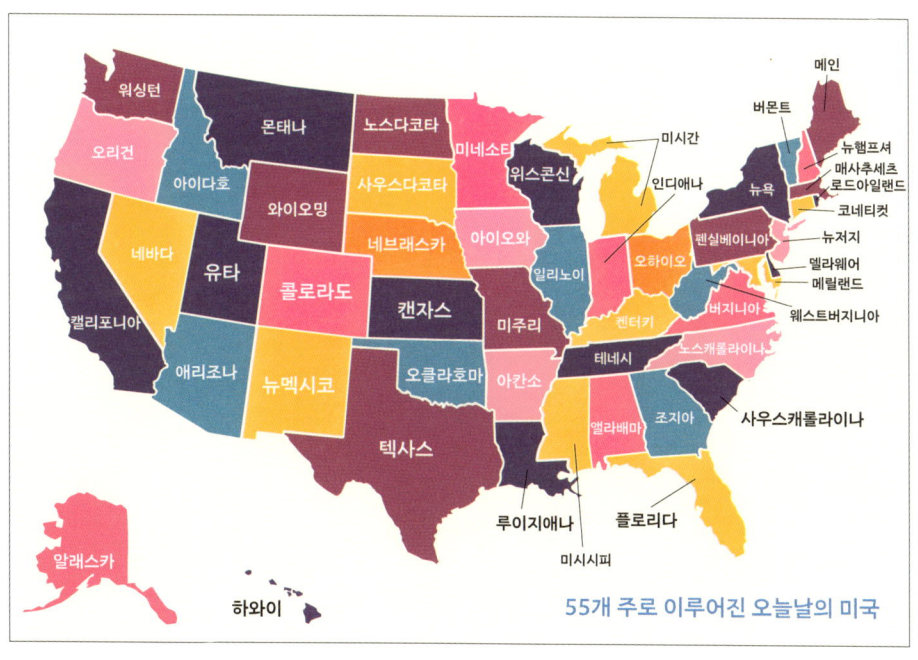

55개 주로 이루어진 오늘날의 미국

이름이 다 스페인어야. 무슨 뜻이냐면 이곳이 원래는 스페인어를 쓰는 멕시코 땅이었다는 거지. 아무튼 이렇게 미국은 전쟁과 정복을 통해 대륙 동쪽 끝에서 서쪽 끝까지 연결되는 큰 나라로 성장했단다.

당시 미국의 목표는 이뿐만이 아니었어. 지금의 캐나다(캐나다는 1867년 영국으로부터 독립) 지역과 멕시코까지 차지하려 했지. 미국이 캐나다를 정복하려고 영국과 싸운 전쟁이 1812년의 미영 전쟁이야. 이른바 '사촌 간의 전쟁'으로 불리는 이 전쟁은 미국 역사에서 아주 유명한데, 1814년 영국군이 미국 수도를 습격해 백악관을 불태웠기 때문이야. 이것은 2001년에 일어난 9.11 테러 전까지 미국 본토가 공격당한 유일한 사례지.

전투는 주로 북동부 지역의 주들과 동쪽 해안에서 발생했어. 그러던 중 영국군 소속의 한 원정대가 수도 워싱턴에 도착했고, 급기야 백악관에 불을 질렀지. 이 때문에 제임스 매디슨 대통령은 백악관을 탈출해야 했어. 그러나 미국 육군과 해군은 결정적인 전투에서 여러 번 승리함으로써 2년 6개월간의 전쟁을 승리로 이끌었단다. 미국은 애초 계획했던 캐나다 정복은 포기했지만, 캐나다 남쪽 지역에 영향력을 다시 행사하려는 영국의 희망을 좌절시켰지.

서부로 몰려든 사람들과 골드러시

'골드러시'는 금이 발견된 지역으로 많은 사람들이 이주하던 현상을 말해. 미국의 골드러시는 1849년부터 1853년까지 서부의 캘리포니아에서 인기 있었던 금 채굴을 표현하는 말이지.

골드러시는 캘리포니아 새크라멘토강 근처에 있는 목재소가 출발점이야. 1848년 1월 어느 날, 목재소의 현장 감독이었던 제임스 마셜은 근처 냇가에서 빛나는 사금을 발견했어. 사금은 물가나 물 밑의 모래 또는 자갈 속에 섞인 금을 말해. 마셜은 사금을 목재소 주인 존 서터에게 가져갔고, 두 사람은 동업을 하기로 했어. 다른 사람들에게는 금이

발견된 것을 비밀에 붙이기로 하고 말이야.

그런데 금세 소문이 퍼졌지. 샌프란시스코의 신문사 사주였던 새뮤얼 브래넌은 두 사람이 금을 발견했다는 사실을 확인하고, 서둘러 금 채취용 기구를 파는 가게를 차렸단다. 그리고 금을 넣은 작은 병을 들고 샌프란시스코 길거리를 돌아다니면서 "금이다! 금이다! 강에서 금이 발견되었다!"라고 외치고 다녔어.

얼마 지나지 않아 미국 각지에서 수천 명의 사람들이 일확천금을 좇아 이곳으로 몰려들었어. 갑작스럽게 인구가 늘자 사람들은 텐트, 가건물, 오두막 등에서 살아야 했지만 아랑곳하지 않았어. 이듬해에는 약 8만 명의 사람들이 캘리포니아의 금광 지대로 몰려들었고, 1853년에는 25만 명이나 될 정도였지.

동쪽에서 서부의 캘리포니아까지 가는 것은 결코 쉽지 않았어. 길이 험해 중간에 죽는 사람도 많았지. 사람들은 미국 동부 해안에서 서쪽으로 바로 가지 못하고 남아메리카를 5~6개월 동안 돌아가거나 가장 짧은 거리인 파나마 해협의 대서양 쪽에 도착해 정글을 지나 샌프란시스코로 향하는 배를 타기도 했지.

몰려드는 사람은 미국인만이 아니었어. 전 세계로부터 이민의 물결이 캘리포니아 황금의 땅으로 향했어. 남쪽의 멕시코를 비롯해 남아메리카의 칠레·페루, 유럽의 프랑스·독일·이탈리아·영국, 그리고 저

금광 지역을 홍보하는 신문 광고(위)
모래에서 사금을 찾는 사람(아래)

멀리 오스트레일리아와 뉴질랜드, 중국에서까지 부자가 되겠다는 희망에 부풀어 미국행 배를 탔단다.

황금 광풍이 분 것은 단지 금이 발견됐기 때문만은 아냐. 또 다른 이유가 있지. 과거에는 금이 발견되면 모두 왕이나 지배층의 몫이었지만 캘리포니아에서는 누구나 금을 찾아내기만 하면 자기가 다 가질 수 있었거든. 한마디로 말해 찾는 사람이 임자라는 거지. 실제로 초기의 금 탐색자들은 손쉽게 금을 모아 하루에 수천 달러를 벌기도 했단다.

골드러시 동안 금의 생산량은 급격히 늘었어. 1851년 캘리포니아 금 생산량은 85톤으로, 한 해 동안의 연방 정부 예산보다 많을 정도였지. 골드러시가 거의 끝날 무렵인 1853년에는 100여 톤으로 증가했어.

골드러시의 영향은 엄청났어. 작은 마을이었던 샌프란시스코는 급성장했지. 인구는 1848년 약 1천 명에서 2년 만에 2만 5천 명까지 늘어날 정도였어.

도로, 교회, 학교 등이 여기저기 들어섰고 새로운 교통 체계가 발전했어. 증기선이 정기적으로 운항되고 철도가 깔리자, 광업뿐만 아니라 농업도 크게 성장했지. 법률 체계도 마련되고 지역 정부도 들어섰어. 이 덕에 캘리포니아는 1850년 미국의 31번째 주가 되었지.

그러나 골드러시의 부작용도 만만치 않았어. 많은 원주민들이 조상 대대로 살아왔던 땅으로부터 내쫓겼지. 금 채굴로 자연환경도 많이 나빠졌어. 채굴하는 사람들 사이에 폭력과 갈등도 끊이지 않았단다. 금을 발견한 사람은 몇몇에 불과했지. 엎친 데 덮친 격으로 채굴 가능한 금 매장량이 줄어들기 시작했고, 1853년 금이 대부분 고갈되면서 골드러시는 끝나고 말았어.

이주해 왔던 사람들은 다시 고향이나 본국으로 돌아갔고, 금광 붐이 일었던 지역들은 유령 도시처럼 황량하게 바뀌었어. 골드러시는 미국 역사에서 5년이라는 짧은 기간 동안 일어났던 사건이지만, 초기 미국 사회 발전에 아주 커다란 영향을 끼쳤다고 할 수 있어.

5장

남북 전쟁과 노예 해방

노예 제도의
시작

과거에 많은 나라가 노예 제도가 있었지만 근대에 들어서면서 대부분 폐지했어. 인간을 노예로 삼는 것은 비인간적이고 비도덕적이었으니까. 하지만 미국에서는 불과 150년 전까지도 노예 제도가 공식적으로 있었어. 미국은 민주주의를 기반으로 하는 나라였지만, 모순적으로 노예 제도를 운영하는 국가이기도 했단다. 지금으로서는 사람이 어떻게 사람을 재산으로 소유하고 일방적으로 노동력을 착취하느냐고 생각할 수도 있겠지만, 경제 발전을 위해서 노예들을 희생시킨 게 엄연한 역사적 사실이야.

미국 독립 선언문에는 이런 내용이 있어.

우리는 다음과 같은 것을 자명한 진리라고 생각한다. 모든 사람은 평등하게 태어났고, 조물주는 몇 개의 양도할 수 없는 권리를 부여하였으며, 그 권리 중에는 생명과 자유와 행복의 추구가 있다.

그런데 독립 선언문을 작성한 토머스 제퍼슨은 '모든 사람은 평등하게 태어났고'라는 문장에서 깊이 고민했다고 해. '모든 사람'에는 당연히 흑인 노예도 포함되어야 했지만 그랬다가는 미국 경제를 지탱할 수 없었기 때문이야. 당시 흑인 노예는 미국 경제를 떠받치는 버팀목이었어. 게다가 제퍼슨도 농장주로서 노예를 부리고 있었거든. 결국 흑인 노예는 사람으로 인정받지 못했고, 백인들의 재산으로 규정되었지. 미국 독립 선언문이 말하는 '사람'이란 결국 백인만을 가리키는 것이었어.

노예가 미국 땅에 본격적으로 들어온 시기는 18세기라고 보면 돼. 대부분의 노예는 아프리카에서 강제로 끌려와 신대륙으로 팔려 갔단다. 미국에서 노예 제도가 시작된 가장 큰 이유는 남부의 농업 때문이었어.

18세기의 미국은 태평양과 대서양 사이에 거대하게 자리 잡은 나라였지. 동부와 대서양 연안의 주(뉴욕, 뉴저지, 펜실베이니아)는 금융업과 상

노예선의 흑인 노예

업, 그리고 제조업의 중심지였어. 남부 지역은 주로 농업으로 담배, 목화, 사탕수수 등을 재배했지. 대농장을 소유한 남부의 농장주들은 노동력이 부족하자 아프리카 흑인 노예들을 데려오게 되었어. 노예들은 열대작물을 재배하는 농장에서 일꾼으로 일했지.

하지만 노예들은 주인에게 맞거나 부당한 대우를 받았어. 영화 〈노예 12년〉을 보면 노예들이 어떻게 취급당했는지 잘 묘사되어 있어. 노예들은 정치적으로도 인간 대접을 받지 못했어. 1787년 제정된 미국 헌법 1조 2항을 보면, 보통 미국인들은 '자유인'으로 표현하고, 노예는 '다른 사람들'로 표현하고 있단다. 인구수를 계산할 때는, 노예 1명을 5분의 3명으로 쳐준다고 헌법에 정해 놓을 정도였지. 지금으로서는 믿기 힘든 얘기지만 사실이야.

19세기 중반까지 미국의 경제 발전은 흑인 노예들이 희생했기에 가능한 것이었어. 1800년대 초 미국의 흑인은 전체 인구의 20퍼센트 정도였어. 남북 전쟁이 일어난 1860년대 백인 인구는 2,700만 명, 흑인 노예는 400만 명(약 13%)이었지. 자유인 신분의 흑인은 48만 명 정도였어.

미국 북부에서는 1804년 펜실베이니아주를 마지막으로 노예 제도가 폐지됐어. 그러나 남부에서는 여전히 유지되고 있었지. 1830년경 남부에는 200만 명의 흑인 노예가 있었고 목화 재배 지역이 확대되면서 오히려 늘어날 정도였어.

노예 제도 폐지 운동은 1830년대 초부터 전국적으로 일어나기 시작했어. 노예 제도를 반대하는 사람들은 노예들이 다른 나라로 도망하는 것을 돕기도 했지. 특히 '지하철도'라고 알려진 비밀 조직은 수천 명의 노예를 북부로 탈출시켰단다. 1830년에서 1860년까지 최소한 4만 명의 노예들이 도망가서 자유를 찾은 것으로 추정돼. 그러나 이러한 노력에도 불구하고 여전히 많은 흑인들이 고통받았지. 1860년 당시의 인구 조사에 따르면, 노예 제도가 있던 주에서는 노예가 그 주 인구의 3분의 1을 차지할 정도였어.

노예 제도는 단순하게 유지하느냐 폐지하느냐의 문제를 넘어서, 남부와 북부를 갈라놓는 결정적인 이유였단다. 한 가지 예를 들어 볼게. 1819년 중서부에 있는 미주리가 주 자격을 연방 정부에 신청했어. 하지만 북부인들은 그곳에 1만 명의 노예가 있다는 이유로 반대를 했지. 갈등 끝에 미주리를 연방에 편입하고 노예 제도를 계속 허용하는 대신,

동부 가장 북쪽에 있는 메인주를 노예 제도가 없는 주로 연방에 편입시키는 것으로 타협했어.

미주리 타협안 이후 수십 년 동안, 노예 제도에 대한 남부와 북부의 생각 차이는 더욱 뚜렷해졌어. 북부에서는 노예 제도를 없애려는 움직임이 계속 진행되었고, 남부에서는 경제 발전을 위해 노예가 필요하다며 물러서지 않았지.

이렇게 갈등이 커지고 있는 가운데, 일리노이주 출신의 젊은 정치인 에이브러햄 링컨이 나타난 거야. 그는 노예 제도가 주만의 문제가 아니라 국가적으로 해결해야 할 문제라고 생각했어. 그는 이렇게 말했어.

> 나는 이 정부가 절반은 노예이고 절반은 자유인인 상태를 영구적으로 허용하지 못할 것이라고 생각한다. 나는 연방이 와해되는 것을 바라지 않는다. …… 나는 연방의 분할이 중단되기를 진정으로 바란다.

1860년 링컨은 노예 제도를 반대하는 공약을 내세워 대통령에 당선되었고, 1863년 1월 1일 노예를 즉시 해방해야 한다는 선언을 했어. 1865년에는 노예 제도를 금지하는 수정 헌법 13조가 마침내 통과되었지. 미국 사회가 인권 문제에서 한 걸음 내디뎠다는 걸 보여 주는 역사의 한 장면이야.

남북 전쟁

남부와 북부의 갈등은 점점 심해졌어. 남부의 주들은 링컨이 대통령이 될 경우 연방을 탈퇴하겠다고 협박할 정도였지. 실제로 링컨이 대통령에 당선되자 남부 주들은 잇따라 연방을 탈퇴한 다음 '남부 연합'을 결성했어. 미국 정부는 이를 받아들일 수 없었지. 결국 남북 전쟁이 일어나고 말았단다.

남북 전쟁은 1861년 4월 남부 연합군이 사우스캐롤라이나주 찰스턴 항의 섬터 요새를 포격하면서 시작되었어. 이후 1865년까지 4년 동안 계속되었지.

처음에는 남부 연합군이 유리했어. 남부에는 상대적으로 노련한 군 지휘관들이 많았거든. 그리고 많은 전투가 대부분 남부 쪽에서 벌어졌기 때문에 더 유리했지. 하지만 북부 연방군의 세력도 만만치 않았어. 북부에는 철도망이 잘돼 있었고, 전쟁에 필요한 물자를 생산할 시설이 풍부했단다. 또한 인구도 남부보다 두 배나 많아서 군인의 수도 넉넉했지.

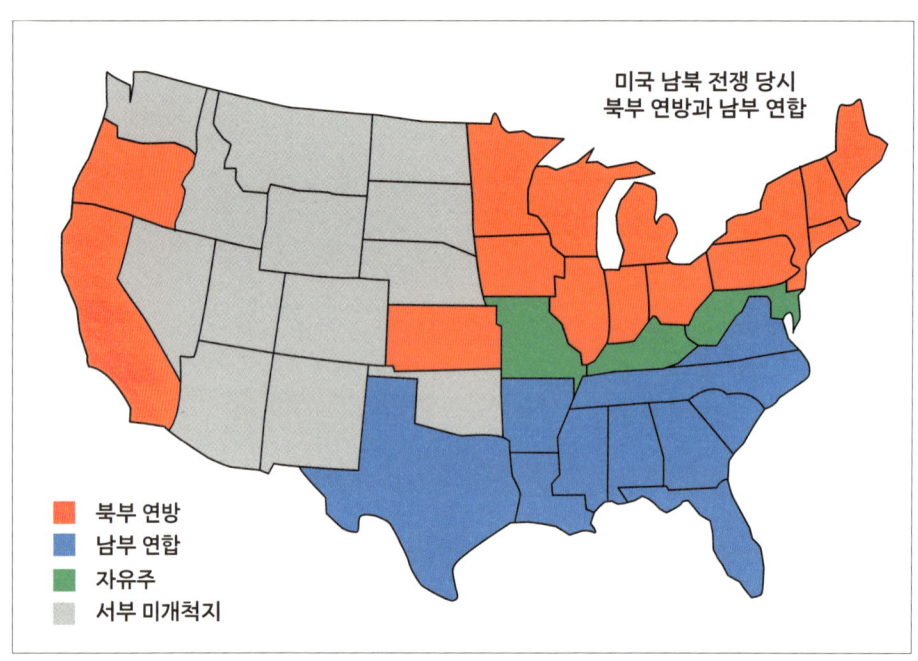

4년 동안 수많은 전투가 곳곳에서 벌어졌고 대부분 북부 연방군이 승리했어. 하지만 남부 연합의 수도 리치먼드를 공격하는 전투에서는 계속해서 패하는 바람에 전쟁은 끝나지 않았어. 나라 간의 전쟁이나 내

전이나 참혹하기는 마찬가지야. 남북 전쟁 당시 가장 참혹했던 날은 1862년 9월 17일 메릴랜드주에서 '앤티텀 전투'가 일어난 날이지. 북부 연방군과 남부 연합군을 합해 약 2만 3천 명이 목숨을 잃었단다. 이 전투는 미국 역사상 가장 많은 피를 흘린 것으로 기록되었어.

이 전투로 전쟁의 승패가 갈린 것은 아니지만 전쟁의 흐름을 바꾸었다고 할 수 있어. 영국과 프랑스는 남부 연합을 인정하려던 결정을 미루게 되었고, 링컨 대통령은 노예 해방을 선언할 자신감을 얻었단다.

결국 1863년 링컨은 '노예 해방령'을 공포하고 남부 연합 주에 살고 있는 모든 노예들을 해방시켜 북부 연방군으로 받아들였지. 그러자 남부 연합의 군사, 경제적 토대가 크게 흔들릴 수밖에 없었어. 이후 전투에서는 북부 연방군이 남부 연합군을 압도하기 시작했고 특히 게티즈버그 전투에서 이기면서 전쟁은 북부 연방군에 매우 유리해졌어. 여기서 잠깐 유명한 게티즈버그 전투 이야기를 해 볼까?

앤티텀 전투 이후 호시탐탐 기회를 노리던 로버트 리 장군은 수도 워싱턴을 공격해 남부 연합의 독립을 승인받기로 작전을 짰어. 그리고 북쪽으로 진군했지. 그러다 1863년 7월 펜실베이니아주 게티즈버그에서 조지 미드 장군이 이끄는 북부 연방군과 맞닥뜨렸어. 치열한 전투가 벌어졌고 여기서 패한 남부 연합군은 버지니아로 도망쳤단다. 이후 남부 연합군은 다시는 북부를 침입하지 못하게 됐어. 피해는 아주 컸지. 사망

항복 문서에 서명하는 리 장군

하거나 부상당한 사람, 실종자와 포로를 포함해 양쪽 진영에서 5만 1천여 명의 사상자가 나왔거든. 죽은 군인과 말들이 썩는 냄새에 주민들이 한동안 시달릴 정도였지. 이후 이곳에는 국립묘지와 군사 공원이 만들어졌어. 현재 게티즈버그는 미국인들이 가장 많이 찾는 유적지 가운데 하나야.

북부 연방군은 1864년 조지아주와 사우스캐롤라이나주에서 남부 연합군을 잇달아 물리쳤어. 그리고 1865년 4월 마침내 남북 전쟁이 막을 내렸지. 율리시스 그랜트 장군이 이끄는 북부 연방군이 버지니아주에서 로버트 리 장군이 이끄는 남부 연합군을 포위했고, 결국 리 장군이 항복한 거야.

항복 조건은 관대했단다. 그랜트 장군은 부하들에게 반란자(남부 연합)들은 다시 우리 동포가 된다고 선언했어. 수도 워싱턴에서는 링컨 대통령이 남부와의 화해를 위한 절차를 시작하려고 했지. 그러나 안타깝게도 링컨은 기회를 얻지 못했어. 남부 연합이 항복한 지 일주일도 되지 않아 패배에 분노한 남부 사람에게 암살당하고 말았기 때문이지.

남북 전쟁은 미국인들에게 많은 것을 남겼어. 무엇보다 북부와 남부가 나뉘지 않고 하나의 나라를 유지할 수 있게 됐다는 게 중요하지. 역사에는 만약이라는 게 없지만, 만약 남부 연합이 이겼다면 미국은 지금까지도 남과 북으로 나뉘어 있을지도 몰라. 그렇다면 오늘날과 같은 강대국이 되기 힘들었겠지.

또 남북 전쟁은 노예 제도라는 반인간적 제도를 미국 사회에서 몰아낸 계기가 되었지. 이는 모두가 평등한 세상을 꿈꾸는 미국 헌법의 기본 취지와 잘 맞는 것이었어. 노예 제도를 폐지함으로써 미국이 민주주의 국가로 더 발전할 수 있는 틀을 만든 셈이지.

다만, 남북 전쟁을 불러일으킨 갈등은 전쟁이 끝난 뒤에도 완전히 사라지지는 않았어. 링컨의 죽음으로 대통령에 오른 앤드루 존슨은 전쟁에 관여한 남부 사람들의 정치적 권리를 회복시켜 주었단다. 하지만 흑인을 차별한 남부 사람들이 다시 정치적 권력을 되찾게 되면서, 남부의 흑인들은 오랫동안 인종차별에 시달릴 수밖에 없었어. 인종 갈등은 지금까지도 미국 사회의 커다란 문제 가운데 하나지.

6장

서부 개척과 산업 혁명

개척자의 나라

독립 이후 미국은 서쪽으로 영토를 늘려가기 시작했지. 앞에서 설명한 것처럼 1803년에 루이지애나(오늘날의 미주리, 네브래스카, 캔자스, 아이오와, 아칸소, 오클라호마 등이 포함된 지역)를 프랑스로부터 사들였고, 1845년에는 독립국이었던 텍사스까지 합병했지.

영토는 서쪽으로 크게 늘어났지만, 서부의 인구는 턱없이 적었단다. 연방 정부는 서부 개척의 필요성을 느끼고 국민들에게 서쪽으로 옮겨가서 살 것을 적극 권장했어. 유럽에 '아메리칸 드림'에 대한 성공 스토리를 퍼뜨리기도 했어. 아메리칸 드림이란 미국으로 이민을 오면 무슨 일을 하든 행복하게 잘살 수 있다는 생각이야. 그래서 많은 사람들을 서부로 몰려왔지. 이것만 봐도 미국 정부가 서부 개척에 얼마나 적극적이었는지 알 수 있겠지? 이렇게 해서 1820년대부터 19세기 말까지 서부 개척이 진행되었어. 남북 전쟁(1861~1865년)도 이즈음 일어났던 일이었지.

서부 개척을 더욱 활성화하기 위해 연방 정부는 두 가지 정책을 내놓았어. 하나는 1862년 제정된 '홈스테드 법'이야. 이 법은 5년 동안 서부에 살면서 땅을 개척한 사람에게 땅을 무료로 주거나 값싸게 살 수 있도록 한 법이지. 또 하나는 대륙 횡단 철도의 개통(1869년)이었어. 영국으로부터 독립한 직후만 하더라도 동쪽과 서쪽을 잇는 교통은 마차나 배뿐이었어. 마차로는 대륙을 횡단하는 데 반 년이나 걸렸지. 험난한 대평원과 로키산맥을 넘어야 하고 수시로 원주민의 공격을 받을 위험도 있었어. 배는 물건을 실어 나르는 데는 편리했지만, 남아메리카 대륙의 남쪽 끝을 돌아가기 때문에 서부까지 도착하려면 4개월이나 걸렸단다.

마침내 대륙 횡단 철도가 개통되자, 서부의 발전도 급격하게 이뤄졌어. 새로운 삶의 터전을 찾고 있던 이민자들, 골드러시의 영향으로 금광 채굴에 관심이 있는 사람들, 담배 농사를 짓기 위해 땅이 필요했던

백인들 등 각양각색의 사람들이 서부로 옮겨 갔지.

미국 영화에는 '서부극'이라는 장르가 있어. 서부극에는 총잡이와 카우보이들이 목장에서 결투를 벌이고, 무법자들이 판치고, 백인들이 원주민들과 싸우는 장면을 빼놓을 수 없지. 영화 〈OK목장의 결투〉 그리고 클린트 이스트우드가 주연한 영화 〈석양의 건맨 2〉는 서부 개척 시대의 모습을 고스란히 담고 있는 대표작이라고 할 수 있어.

여기서 중요한 것은, 서부 개척이 단지 영토의 확장이나 경제 발전의 의미만 가지는 게 아니라, '개척자의 나라'라는 미국의 본질을 만들어 내는 데 큰 역할을 했다는 사실이야. 이 시대를 거치며 생겨난 특유의 개척자 정신이 미국 사회에 자리 잡게 됐거든. 또한 서부 개척을 통해서 미국은 다양한 인종이 모여 사는 사회가 되는 계기를 마련했어.

독립 초기의 미국은 백인 중심 사회였어. 초기 이민자의 대부분은 영국, 아일랜드, 이탈리아 등 유럽에서 온 백인이었지. 하지만 이후 아프리카에서 흑인 노예들이 대거 들어왔고, 남북 전쟁과 노예 해방을 통해 흑인들이 속속 미국 시민이 되었지. 또 아메리칸 드림을 이루고자 중국이나 일본 등 아시아로부터도 사람들이 계속해서 들어왔단다. 서부 개척 시대는 미국이 인종의 용광로로 탈바꿈하는 시점이라고 할 수 있지.

이처럼 서부 개척은 경제적, 문화적으로 미국 사회를 크게 바꿨다는 점에서 미국인에게는 자랑할 만한 역사로 꼽히고 있어. 하지만 우리가 잊지 말아야 할 게 있지. 바로 원주민들의 희생이야. 서부 개척은 곧 원주민들이 대대로 살고 있던 땅을 침범하는 것이었어. 미국은 원주민의 땅을 헐값에 사들이거나 빼앗았지. 터전을 빼앗긴 원주민들은 강제로 보호 구역으로 옮겨 가서 살아야 했어. 북부 평원의 수족(Sioux)과 남서부 지역의 아파치족(Apache) 등 원주민들은 자신의 터전을 지키기 위해 힘겹게 싸웠지만, 백인들의 무력에 굴복할 수밖에 없었지.

미국 정부의 원주민 말살은 잔인하고 비열했어. 미국이 대륙 횡단 철도를 건설하고 있을 때, 원주민들이 자신의 땅이라며 반대하자, 원주민의 식량인 버펄로를 멸종시켜 버리는 전략을 취했단다. 조직적인 버펄로 학살 때문에 19세기 초 4천만 마리에 이르던 버펄로가 1890년쯤에는 1천 마리도 안 되었지. 버펄로 수가 크게 줄면서 굶어 죽는 원주민들도 속출했단다.

살던 마을을 빼앗긴 원주민들은 참다못해 일제히 들고일어나 미국 군대와 20년 이상 전쟁을 벌였어. 하지만 총과 폭탄으로 무장한 미국 군대를 활과 창뿐인 원주민들이 이긴다는 건 애초부터 어려운 일이었지. 결국 무려 300만 명이나 되는 원주민들이 목숨을 잃었지. 원주민 지도자들은 대부분 전투에서 죽거나 독살되었고, 부족 공동체도 거의 무너지고 말았어. 당시 큰 부족 중의 하나였던 나바호족(Navaho)의 경우

영토를 완전히 몰수당했어. 결국 원주민 사회는 이 전쟁을 계기로 완전히 파괴되고 말았지.

1930년대가 되자 미국 정부는 원주민들에게 참정권을 주며 화해의 손길을 내밀었지만, 비극을 되돌리기에는 너무 늦었지. 미국의 자랑스러운 역사의 뒤에는 이처럼 어두운 원주민 탄압과 학살, 강제 이주가 있었다는 사실을 잊어서는 안 돼. 원주민들이 아메리카 대륙의 원래 주인이었다는 사실도 말이야.

산업의 눈부신 발전

전쟁은 많은 상처를 남기는 법이지. 사람들이 죽고, 건물은 부서지고, 경제는 엉망이 되니까. 미국 남북 전쟁에서도 많은 사람들이 죽었단다. 하지만 역설적으로 이 전쟁은 미국을 경제 강국으로 만드는 계기가 되었어. 공업 국가가 되려고 했던 북부의 자본주의 세력이 농업 국가를 원하던 남부의 지주 세력한테 이김으로써, 이후 미국 경제는 공업 중심으로 움직이게 되었거든. 만약 남북 전쟁에서 남부가 승리했다면, 오늘날의 미국은 선진국이 되지 못했을지도 몰라.

실제로 남북 전쟁 이후 미국은 경제적으로 아주 빠르게 성장했어. 여기저기 거대한 공장과 제철소가 들어서고 급격하게 도시들이 만들어졌지. 미국이 경제 대국으로 성장할 수 있었던 큰 이유 가운데 하나는 유럽 선진 기술을 적극적으로 들여왔기 때문이야. 특히 당시 세계 산업화를 주도하던 영국의 영향이 가장 컸지. 18세기 후반부터 시작된 영국의 산업 혁명은 불과 20~30년 만에 미국에도 고스란히 전달되었어. 독일보다도 빨랐지. 미국은 산업 혁명의 기술과 함께 영국의 자본주의 방식도 수입해서 은행과 주식회사를 만들기 시작했어. 이런 분위기 속에서 합리주의와 실용 과학을 중요하게 생각하는 문화가 자리 잡았지.

18세기 후반 영국에서 시작된 제1차 산업 혁명은 증기 기관을 이용한 산업이 중심이었어. 방직업, 방적업 등 경공업과 석탄 산업이 이 시기를 이끌었지. 19세기 후반이 되면서 새로운 혁신 산업이 등장했는데 화학, 전기, 석유, 철강 등 중화학 공업이었어. 이것을 '제2차 산업 혁명'이라고 부른단다. 이를 주도한 국가는 바로 미국과 독일이었어.

제1차 산업 혁명의 대표적인 발명품인 증기 기관차는 영국이 최초로 만들었지만, 제2차 산업 혁명의 대표적인 발명품인 자동차는 독일에서, 비행기는 미국에서 최초로 만들었지. 이 때문에 영국은 1870년대가 되면서 미국에 뒤지게 되었고 1900년대에는 독일에게도 뒤처지게 되었어.

이 같은 미국 경제 발전에서 빼놓을 수 없는 중요한 게 또 하나 있어. 바로 특허권 보장이지. 특허는 발명자의 권리를 보장하는 제도야. 발명한 사람에게 상품을 생산하고 판매할 권리가 있다는 말이지. 미국은 건국과 동시에 특허권을 보장하는 법을 만들었어. 영국보다 빨랐지. 특허권 보장은, 미국이 유럽의 기술을 단순히 받아들이는 나라에서 스스로 만들어 가는 나라로 바뀌었다는 뜻이야. 19세기 후반 제2차 산업 혁명 시기에 미국이 앞선 위치에서 기술 혁신을 주도할 수 있었던 것도 사실 '특허권' 덕이었다고 해도 과언이 아니지.

실제로 미국에서 1865년부터 1900년까지 공식적으로 등록된 발명 특허만 약 64만 종이었단다. 이는 같은 기간 유럽 전체의 특허권 수를 합한 것보다 많아. 링컨 대통령이 한 말에서 미국 정부가 기술 개발에 얼마나 심혈을 기울였는지 알 수 있어.

특허제도는 천재의 발명이 가져올 이익에 연료를 제공하는 것이다.

19세기 미국에는 수많은 발명가들이 있었어. 그 가운데 가장 유명한 사람은 단연 토머스 에디슨이야. 그는 일생 동안 1천 개가 넘는 발명을 했는데 축음기, 영사기, 실용적 장거리 전화기, 냉장고 등이 모두 그의 발명품이었단다. 특히 에디슨은 전기를 실용화하는 데 성공했어. 그가

전구의 특허권을 갖게 된 이후, 수년 동안 미국에서만 5천 개가 넘는 발전소가 세워졌고, 1902년에는 90퍼센트에 이르는 가정에서 전기를 사용할 수 있게 되었지. 전기는 그동안 증기가 해 왔던 역할을 이어받으면서 미국 경제 발전의 강력한 원동력이 되었어. 당시 유럽에는 전깃불이라는 개념조차 낯설던 때라는 점을 감안하면, 미국이 시대를 한참 앞서간 거였지.

전구를 상용화한 토머스 에디슨

참고로 우리나라는 1887년 고종 때 경복궁에 최초로 전기를 설치했는데, 그 공사를 맡은 곳이 바로 에디슨 전기 회사였단다.

물론 19세기 미국에는 에디슨만 있었던 것은 아냐. 전화를 발명한 알렉산더 벨, 카메라를 발명한 조지 이스트먼 등 수많은 발명가들이 있었지. 또 산업 혁명을 발판으로 자수성가한 기업가도 넘쳐났어. 철강왕 카네기, 석유왕 록펠러, 금융왕 J.P. 모건도 있었지.

잠깐 여기서 앤드루 카네기 얘기를 해 볼까? 가난한 가정에서 태어난 그는 전보 배달원으로 일하다가 어깨너머로 전신 업무를 배웠고 실

력을 인정받은 뒤 철도 회사로 자리를 옮겼어. 철도 회사에서 퇴직한 후에는 제철소를 세워 단단하고 수명이 긴 철을 값싸게 생산하는 방법을 찾아냈지. 이 방법으로 철강의 대량 생산이 가능해지자 전에 없던 높은 건물을 많이 세울 수 있었단다. 1902년 뉴욕 맨해튼에만 65채, 시카고에는 50여 채의 고층 건물이 들어섰지. 카네기가 없었다면 오늘날 하늘 높이 치솟은 마천루를 볼 수 없었을지도 몰라.

철강왕 앤드루 카네기

제2차 산업 혁명 덕분에 미국 경제는 세계 최고 수준으로 올라섰지만, 어두운 면도 많이 있었어. 무엇보다 독점 기업이 성장하면서 부와 권력이 몇몇 사람들에게 집중되었기 때문이야. 게다가 노동 환경은 매우 나빴어. 공장 노동자들은 하루 10시간 넘게 일해도 필요한 생활비를 제대로 벌지 못했거든.

노동자들은 노동조합을 만들어 저항하기 시작했지. 곳곳에서 파업도 일어났단다. 하지만 열악한 노동 환경과 낮은 임금은 오랫동안 바뀌지 않았어. 경제 발전과 노동자 복지가 같이 이루어지면 얼마나 좋을까?

7장

사회 정의를 위한 개혁의 바람

진보주의
개혁 운동

미국 역사는 우리나라에 비하면 매우 짧지만, 매우 역동적이야. 원주민과의 갈등, 노예 제도, 서부 개척, 내전, 산업 혁명을 거쳐 이제 벌써 20세기로 넘어갈 때가 되었네.

남북 전쟁 이후 미국 정치는 차츰 안정을 찾기 시작했어. 경제도 크게 발전했지. 종교와 언론의 자유도 보장됐고, 무상 교육도 대부분 실현됐어. 이쯤 되면, 미국 국민들은 이제 선진국이 되었다고 좋아하지 않았을까?

하지만 겉으로 보이는 게 전부가 아니야. 중요한 건 국민들이 직접 느끼는 생활이거든. 한마디로 말하면, 당시 미국 국민들의 삶은 팍팍했단다. 민주주의가 이루어지는 것처럼 보였지만, 부패한 정치인들이 늘어나고 있었어.

나라는 부자가 되었지만 돈은 일부 사업가와 대기업에 집중되었고, 일자리는 늘었지만 노동 환경은 좋지 않았어. 연구에 따르면 제2차 산업 혁명 당시 노동자가 다치거나 죽는 비율은 미국이 제일 높았다고 해. 그렇다고 유럽 국가들에 비해 미국 노동자들이 임금을 많이 받는 것도 아니었어.

이렇다 보니 사람들의 불만은 커져만 갔지. 그래서 어느 순간 바꿔 보자는 움직임이 일어나기 시작했고, 이런 작은 움직임들이 모여 개혁 운동으로 발전했어.

1890년대에서 1920년대 사이, 미국에는 '진보주의'라는 개혁 운동이 등장했단다. 미국 역사에서 '진보'라는 개념이 전 사회적으로 지지를 받은 것은 이때가 처음이었어. 개혁 운동의 목표는 확장된 민주주의와 사회 정의, 정직한 정부를 세우는 것, 그리고 너무 힘이 세진 대기업을 규제하는 것이었지.

먼저 미국인들은 정치적 부패를 없애고, 직접 민주주의를 하자고 외쳤어. 민주주의의 약점 가운데 하나가 뭐냐 하면, 정치인들이 선거 때

는 유권자들에게 굽신거리다가, 선거 끝나면 나 몰라라 하는 거야. 그리고 공직을 맡는 동안 나쁜 일을 저지르기도 하지.

미국인들은 부패한 정치인을 물러나게 하자고 요구했어. 바로 '주민 소환제'였지. 실제로 10여 개 주에서 주민 소환제가 법으로 만들어졌단다.

또 법안을 만드는 일에도 직접 나서겠다고 주장했어. 어떤 법안을 유권자들이 제안(주민 발의)해서 투표를 통해 처리(주민 투표)하는 제도가 무려 20개 주에서 통과되었어.

미국인들은 더 나아가 선거 후보를 정당의 지도부가 아니라 당원들이 뽑아야 한다는 '예비 선거' 제도도 원했지. 이에 따라, 미국의 거의 모든 주에서 예비 선거를 시행하기 시작했단다. 상원 의원을 시민들이 직접 선거로 뽑게 된 것도 개혁 운동의 결과물이었지.

지금의 눈으로 보면, 이런 개혁들이 별로 대단하게 보이지는 않지만, 그 당시에는 매우 혁명적이었어. 정치인들이 이미 가진 권력을 내려놓기는 쉽지 않거든. 하지만 미국 시민들의 민주주의에 대한 열망이 너무 컸기 때문에 가능한 일이었지. 그때 우리나라는 조선 시대 말기와 일제 강점기를 지나고 있었어. 민주주의와는 아주 거리가 멀었지.

대기업에 대한 규제도 진보주의 개혁 운동의 중요한 목표 가운데 하나였어. 19세기 후반에서 20세기 초반, 미국은 철강, 철도, 전기, 석유 등 경제 주요 영역에서 몇 안 되는 대기업들이 시장을 장악하고 있었단다. 사회 개혁가들은 독점 금지법을 만들어 거대 기업들의 횡포를 막아야 한다고 주장했지. 이를 반영해 시어도어 루스벨트 대통령은 의회와 힘을 합쳐 독점을 규제했고, 법률을 위반하는 기업에 대해 법적 조치를 취하기 시작했어.

진보주의 개혁 운동은 노동 분야에서도 나타났지. 열악한 환경을 바꾸고 노동 시간을 줄이자는 목소리가 컸어. 또 최저 임금과 초과 수당 지급 기준도 만들었어. 열악한 환경의 예를 하나 들어 볼게. 1911년에 뉴욕시에 있는 한 회사에서 불이 났단다. 그런데 출입문이 부족해 146명

파업에 나선 노동자들과 막으려는 군대(1912년 매사추세츠주)

의 노동자들이 안타깝게 목숨을 잃고 말았어. 빠져나오지 못해 죽기도 했고, 일부는 10층 건물에서 뛰어내려 목숨을 잃기도 했어. 이후, 노동자들과 시민운동가들의 요구로 더 엄격한 건축 기준법과 공장 점검법이 마련되었어. 이와 함께 선원과 철도 노동자들이 좀 더 편하게 일할 수 있는 법률도 새로 만들어졌지.

안전 장비 없이 일하는 건설 노동자

또 아동 노동에 대한 법도 만들어졌어. 당시 공장이나 탄광 등 어른들이 일할 만한 현장에 나이가 어린 아이들을 투입해 노동을 착취하는 일이 많았거든. 위험한 현장에서 아이들은 일주일에 많게는 80시간이나 일을 하기도 했어. 이런 심각한 문제를 개선하기 위해 법을 만들어 노동 연령 및 시간을 제한하게 됐지.

그러고 보니, 30년이라는 이 짧은 기간 동안 미국 사회는 수많은 좋은 변화를 일궜어. 개혁은 많은 사람들의 지지가 없으면 불가능해. 과연 무엇이 그런 지지를 만들어 냈을까? 여러 가지 이유가 있겠지만, 작가와 언론인들의 역할이 컸어.

당시 많은 작가들이 작품을 통해 불공정하고, 불건전하며, 위험한 관행들을 꼬집었단다. 사람들은 책을 읽으면서 자연스럽게 민주주의에 눈을 떴지. 기자들도 기사를 통해 정치권의 부정부패를 시민들에게 알렸어. 이런 사람들이 없었더라면, 아마 진보주의는 사람들의 지지를 받지 못했을지도 몰라.

정리하면, 19세기 후반부터 20세기 초기에 일어난 진보주의 운동은 어떤 조직이나 당에서 주도한 것은 아니었어. 여러 사람들의 마음과 힘이 모여서 이루어 낸 것이지. 이 진보주의 운동을 통해서 미국 민주주의와 경제, 사회 시스템이 눈부시게 바뀌었다는 걸 잊지 말아야 해.

여성의 투표권

남녀평등 문제에서 오늘의 미국은 비교적 모범적인 나라 중의 하나야. 미국 국회는 상원과 하원 두 개로 이루어져 있는데, 낸시 펠로시라는 여성이 두 번이나 하원 의장을 맡았어. 하원 의장은 미국 정치 서열 3위에 해당하는 높은 자리지. 2020년 대통령 선거에서는 여성인 카멀라 해리스가 부통령에 당선되었는데 미국 역사상 처음 있는 일이었어. 또 현재 대법관 9명 중 3명이 여성인데, 여성이 대법관에 처음 임명된 것이 1980년인 것을 생각하면 느리지만 나아지는 중이지.

미국 여성들의 정치 의식은 높은 편이야. 1960년 이후 대통령 선거에서 여성의 투표율은 항상 60퍼센트를 넘는 반면, 남성의 투표율은 단 한 번만 60퍼센트를 넘겼단다.

그렇다면 미국 여성들이 정치에 참여할 수 있는 권리인 참정권을 처음 갖게 된 것은 언제일까? 1920년, 불과 100년 전의 일이란다. 오랫동안 정치는 여성에게 허락되지 않은 영역이었어. 여성은 남성에 비해 능력이 떨어지고, 가정을 지키는 것이 할 일이며, 여성의 이익은 남성이 대신 말하면 된다는 핑계로, 오랫동안 여성에게는 선거권이나 투표권이 주어지지 않았지. 미국도 마찬가지였어.

하지만 미국 독립 이후 여성의 참정권을 위한 노력이 서서히 시작되었지. 특히 1848년 뉴욕주 세네카 폴스에서 열린 집회에서 '여성 권리 선언문'이 발표되었어. 당시 여권 운동에 앞장섰던 엘리자베스 스탠턴은 참정권은 여성의 의무라고 주장했지.

흑인 남성들에게 1870년부터 투표권이 주어진 것도 여성을 크게 자극했단다. 특히 수전 앤서니는 1872년 대통령 선거 때, 당시 여성들에게 허락되지 않았던 투표를 한 뒤 체포되었단다. 재판에서 벌금형을 받았지만, 그녀는 끝까지 벌금을 내지 않고 버텼어. 이 사건을 계기로 여성의 참정권 문제가 미국 사회에서 큰 주목을 받게 되었지.

여성 운동가들은 여성 참정권 문제를 법으로 해결하려고도 했어. 하

지만 법원 문턱은 높았단다. 1875년에 내려진 대법원 판결에서 재판부는 헌법에 보장된 평등권이 여성 참정권과는 관련 없다고 만장일치로 결정했어. 지금 같으면 이런 판결이 절대 나올 수 없을 거야.

어쨌거나, 여성 운동가들은 이 판결이 있은 뒤 전략을 바꿔서 각 주 정치인들을 직접 설득하는 작업을 시작했어. 몇몇 주에서는 여성 선거권을 인정하는 법을 만들게 되었지. 1918년까지 15개 주에서 여성은 남성과 동등한 선거권을 얻었단다.

1918년에는 공화당과 민주당이 함께 여성에게 선거권을 주자는 헌법 수정안을 제출했어. 우드로 윌슨 대통령까지 나서서 이 헌법 수정안을 지지한다고 말했지만 연방 의회의 반대가 만만치 않았어.

마침 그해에 중간 선거가 있었는데, 여성 참정권에 반대하는 의원들을 겨냥해 여성 단체들이 대대적으로 낙선 운동을 벌이자 의회의 분위기가 확 달라졌단다. 그래서 이듬해인 1919년에 헌법 수정안을 통과시킬 수 있었지.

마지막 관문은 각 주의 승인이었어. 일리노이주가 처음으로 수정 헌법 19조를 승인했고 뒤이어 하나둘씩 늘기 시작해서, 1920년 8월에 테네시주가 마지막으로 승인했지. 그런데 재미있는 사실은 테네시주의 승인이 딱 1표 차이로 결정되었다는 거야. 의원 한 명이 반대에서 찬성으로 돌아서지 않았다면 수정 헌법 승인은 무산될 수도 있었어.

여성 참정권을 위한 시위(1913년 워싱턴 D.C.)

그 의원이 마음을 바꾼 건 어머니의 편지 때문이었다고 해. 투표 전날 받은 어머니의 편지에는 착한 아들이 되어야 한다는 걸 잊지 말고 여성 참정권에 찬성표를 던지라고 적혀 있었대.

이처럼 너무도 당연한 여성 참정권을 법으로 만들어 세우는 것은 무척이나 힘든 과정이었단다.

8장

세계 강국이 된 미국

스페인과의 전쟁

우리나라 사람들이 가장 좋아하는 여행지 가운데 하나가 '괌'이야. 미국 영토인 괌은 정말 아름다운 섬이지. 미국은 먼 북태평양에 있는 괌을 언제, 어떻게 자기 땅으로 만들었을까?

콜럼버스의 신대륙 탐험을 후원했던 스페인은 중앙아메리카와 남아메리카의 넓은 땅을 식민지로 만들었어. 또 아시아에도 식민지를 건설했지. 그러나 19세기 말이 되면서는 아메리카 대륙에 있던 스페인 식민지 대부분이 스페인의 손에서 벗어나 독립했어. 다만 쿠바와 푸에르토리코는 스페인이 아직 장악하고 있었단다. 스페인은 이 두 지역을 포기하기 싫었어. 경제적인 가치가 높았기 때문이지. 그런데 같은 이유로 미국도 이들 지역에 눈독을 들였어. 더구나 미국인들이 쿠바에 투자를 늘리자, 미국 정부는 쿠바에 더욱 욕심을 냈지. 고민 끝에 1853년 미국은 쿠바를 사겠다며 1억 5천만 달러에 팔 것을 스페인에 제안했단다. 그러나 스페인은 한마디로 거절했어.

그러자 미국은 쿠바의 독립을 부추기는 쪽으로 전략을 바꾸었어. 스페인으로부터 독립하려는 쿠바의 단체를 몰래 뒤에서 지원한 거야. 1895년 쿠바에서 대규모 무장봉기가 일어나자 미국은 무장봉기 세력을 적극적으로 도와주었지. 그러고는 쿠바에 사는 미국인들을 보호한다는 명목으로 아바나 항에 군함 메인호를 정박시켰단다. 이런 미국의 행동이 스

페인으로서는 무척이나 불쾌했을 거야. 그런데 메인호가 정박한 지 한 달 뒤에 원인 모를 사고로 폭발하고 말았지. 무려 260명의 승무원이 목숨을 잃는 큰 사고였어.

사고의 원인을 조사하는 과정에서 미국과 스페인은 전혀 다른 결론을 내놓았단다. 미국은 스페인이 기뢰를 터트려 일으킨 사건이라고 했고, 스페인은 메인호의 내부에 있는 석탄 저장고에서 화재가 시작됐다고 맞섰지. 오늘날까지도 군함이 폭발한 이유는 밝혀내지 못했어.

그러나 미국 내 여론은 스페인을 응징해야 한다는 쪽으로 모아졌단다. 당시 미국 언론은 한목소리로 스페인에 잘못이 있다면서 스페인과의 전쟁도 불사해야 한다고 주장했지. 여론에 힘입어 미국은 그해 4월 스페인에 전쟁을 선포했어.

하지만 막상 전쟁이 벌어지고 보니 스페인은 미국의 상대가 되지 않았어. 더구나 쿠바는 스페인으로부터 멀리 떨어져 있고 미국과는 가까웠기 때문에 스페인은 손쓸 방법이 없었지. 그해 7월 미국은 쿠바를 완전히 장악했단다. 차라리 45년 전에 1억 5천만 달러를 받고 팔았더라면 좋았을 것이라고 스페인은 후회했을지도 몰라. 이 전쟁의 결과 미국은 멕시코만에서 영향력을 한껏 높였고 반대로 스페인은 이 지역에서 완전히 손을 떼게 되었지.

그런데 미국은 여기에 만족하지 않았어. 미국 해군은 오래전부터 필

리핀에서도 스페인군을 몰아내기 위한 작전을 짜 놓고 있었지. 이제 스페인이 이빨과 발톱이 다 빠진 사자에 불과하다고 판단하고 스페인의 식민지였던 필리핀도 빼앗기로 마음먹었어.

1898년 5월 1일 미국은 필리핀 마닐라만에서 스페인군을 공격했어. 이때 미국은 필리핀 독립군에게 힘을 보태 주었지. 필리핀에서도 스페인은 미국의 상대가 되지 못했단다. 결국 필리핀과 쿠바 두 섬에서 미군에 밀린 스페인은 패배를 선언했어. 1898년 12월 미국과 스페인 사이에 맺어진 '파리 조약'에 따라 스페인은 쿠바를 포기하고 필리핀, 괌, 푸에르토리코를 미국에 넘겼단다. 그러니까 괌이 미국 땅이 된 건 이때의 일이야. 현재 미국 땅인 푸에르토리코가 공식 언어로 스페인어를 쓰는 이유도 이런 역사적 이유 때문이란다.

미국-스페인 전쟁은 미국이 힘의 원리에 따르는 '정복 국가'의 길로 들어섰다는 걸 보여 줘. 남북 전쟁으로 국내 정치를 안정시키고, 서부 개척으로 북아메리카 땅 대부분을 차지한 뒤, 자신감이 붙은 미국이 본격적으로 세계 강대국이 되겠다는 속마음을 보여 준 상징적 사건인 셈이지.

참고로, 필리핀 점령 때 미군은 필리핀의 독립운동 지도자였던 아기날도에게 독립을 시켜 주겠다고 약속했어. 그 후 파리 조약 때 미국은 스페인에게 2천만 달러를 주고 필리핀을 넘겨받았는데, 당시 대통령이었던 윌리엄 매킨리가 필리핀 섬들은 미국의 자유로운 깃발 아래 두어야 한다고 성명을 발표했단다. 미국은 애초부터 필리핀을 자기 땅으로 만들 속셈이었던 거지. 그러자 아기날도 장군 등이 반대하면서 미국-필리핀 전쟁이 시작되었지. 결국 얼마 지나지 않아 필리핀은 미국 식민지가 되고 말았어.

필리핀의 역사를 잠깐 살펴보면 330년 동안 스페인의 식민지였고, 이후 48년간은 미국의 식민지였고, 다시 4년간 일본의 식민지였다가 1946년 마침내 독립 국가가 되었단다. 우리나라가 35년간 일본의 식민 지배를 겪은 걸 생각하면 필리핀 사람들의 심정을 조금은 헤아릴 수 있을 것 같지?

파나마 운하 건설

이제 파나마 운하가 언제, 왜, 어떻게 생겼는지 설명할게.

지도를 보면 북아메리카와 남아메리카가 붙어 있어. 두 대륙의 중간에는 흔히 '중앙아메리카'라고 불리는 몇 개의 나라가 자리 잡고 있단다. 과테말라, 온두라스, 니카라과, 코스타리카, 파나마 등이지. 이들 나라의 왼쪽에는 태평양, 오른쪽에는 대서양이 있어.

대항해 시대가 시작된 이후, 신대륙에는 유럽에서 오는 화물선이 아주 많았지. 유럽에서 미국 동부로 가는 것은 쉬워. 대서양만 건너면 되니까. 하지만 미국 서부로 가려면 골치가 아팠지.

유럽에서 미국 서부로 가는 방법은 두 가지가 있었어. 하나는 북아메리카 위쪽으로 돌아가는 방법이야. 하지만 춥고 꽁꽁 언 북극을 거쳐야

파마나 운하를 건너는 배

하기 때문에 현실성이 없었지. 다른 하나는 남아메리카의 끝인 드레이크 해협까지 간 다음 다시 거슬러 올라가는 방법이야. 하지만 지나치게 시간이 많이 걸리고 종종 폭풍을 만나 배가 침몰했기 때문에 위험했어. 유럽은 신대륙 곳곳에 물건을 팔고 싶은데 길이 너무 험해서 골치가 아팠지.

자, 이 문제를 어떻게 해결해야 할까? 대륙 중간의 좁은 땅에 대서양과 태평양을 연결하는 물길을 만들면 되지 않을까? 맞아. 그래서 관심이 쏠린 곳이 파나마야. 이곳은 땅의 폭이 약 80킬로미터 정도밖에 안 되었기 때문에 운하를 파기에 가장 좋은 장소였지.

1880년 마침내 프랑스가 파나마 운하 건설에 나섰어. 1869년에 완공된 수에즈 운하를 개통한 경험이 있는 페르디낭 마리 레셉스가 책임을 맡았지. 하지만 지형적인 특징으로 공사는 예상보다 훨씬 힘들었단다. 사고도 많았고 전염병으로 죽는 사람도 많았지.

어떤 전염병이었을까? 바로 말라리아였어. 운하를 만들면서 파낸 구덩이마다 물이 가득 찼고, 거기에 모기들이 대규모로 번식하면서 말라리아를 여기저기 옮긴 거지. 공사 기간 동안 무려 2만 2천 명이나 목숨을 잃자 결국 프랑스는 9년 만에 공사를 포기하고 말았어.

미국 제26대 대통령 시어도어 루스벨트는 파나마 운하의 중요성을 알고 있었어. 미국의 동부와 서부를 물길로 연결하고, 대서양과 태평양을 미국의 바다로 만들기 위해서는 반드시 파나마 운하를 미국이 건설해야 한다고 믿었지. 그는 취임하자마자 프랑스로부터 운하 사업권을 사들였어.

그리고 당시 파나마를 지배하고 있던 콜롬비아에 99년간 운하 운영권을 갖게 해 달라고 요구했지. 콜롬비아가 거부하자, 미국은 파나마가 콜롬비아로부터 독립하도록 뒤에서 은근슬쩍 지원했어. 결국 미국의 지원을 받은 독립 세력들은 1903년 11월 3일 파마나공화국의 독립을 선포했고 미국은 즉각 독립을 승인했지. 그리고 미국은 신생 파나마공화국과 헤이-뷔노 바리야 조약을 맺고, 파나마 운하 공사를 시작했어. 그리고 1914년 8월 15일 파나마 운하가 완공됐단다.

파나마 운하는 특이한 점이 있어. 운하가 해수면보다 수십 미터나 높다는 거야. 선박들은 독(dock)에 들어온 뒤 물을 채워 더 높은 위치의 독으로 올라가는 식으로 운하를 통과해야 하지. 그래서 '갑문식 운하'라고 불려. 이렇게 만든 이유는 운하 중간에 산맥이 있어서 평탄한 물길을 만들기는 힘들었기 때문이야. 배가 파나마 운하를 빠져나가는 데는 약 여덟 시간이나 걸린다고 해. 그래도 남아메리카 남쪽 끝을 돌아서 최소 몇 주 이상을 가야 되는 거리를 불과 한나절이면 건너갈 수 있으니, 시간과 비용을 엄청나게 줄일 수 있는 거지.

하지만 미국과 파나마는 20세기 내내 운하 소유권을 두고 마찰을 빚었어. 그러다가 결국 1999년 12월 31일에 파나마로 소유권이 넘어갔지. 운하가 완공된 지 85년 만의 일이야. 권한 이양식 때 미국 현직 고위 공직자는 한 명도 참석하지 않았다니, 미국의 불만이 상당히 컸나 봐. 하지만 남의 땅에 운하를 만들어 100년 가까이 돈을 번 미국이 무슨 말을 더 하고 싶었는지 궁금하네.

9장

제1차 세계 대전과 대공황

전쟁 뒤의
경제 부흥

　지구의 모든 나라들이 서로 싸우지 않고 살면 참 좋을 텐데, 그게 쉽지 않은 일이지. 인류는 1914년 '세계 대전'이라는 걸 처음 경험했단다. 여러 나라들이 얽히고설켜 싸우는 거였지.

　제1차 세계 대전은 전 세계를 둘로 나누는 거대한 강대국 동맹들끼리의 충돌이었어. 한쪽은 영국, 프랑스, 러시아의 연합국이었고, 다른 한쪽은 독일과 오스트리아-헝가리 제국이 있는 동맹국이었어. 당시는 오스트리아와 헝가리가 하나의 제국이었지.

　1914년 6월 28일 사라예보에서 오스트리아-헝가리 제국의 왕위 후

계자인 프란츠 페르디난트가 세르비아인 청년에게 암살당하자, 이 제국이 세르비아를 침공하면서 전쟁이 시작되었지.

당시 미국은 전쟁을 벌이는 두 진영 사이에서 중립을 유지하고 있었단다. 그런데 1917년 1월 16일 독일 외무 장관이 멕시코에 있는 독일 대사에게 보냈던 전보가 공개되었어. 전보에는 만약 멕시코가

미국 육군 병사 모집 포스터

미국을 침략하면, 1848년에 미국에 빼앗긴 모든 영토를 되찾을 수 있도록 해 주겠다고 씌어 있었단다. 이것을 알게 된 미국은 잔뜩 화가 났지. 그래서 전쟁에 뛰어들어야겠다고 결정했어. 윌슨 대통령은 의회의 동의를 얻어 독일에 선전 포고를 했어.

미국이 참전하면서 연합국의 반격은 거세졌고, 결국 동맹국들이 차례로 항복을 시작했지. 불가리아, 오스만 제국, 오스트리아-헝가리 제국, 독일 순으로 말이야. 그리고 1918년 11월 11일 900만 명을 죽음으로 몰고 간 전쟁이 마침내 끝났어.

제1차 세계 대전으로 미국은 10만 명이 넘는 군인을 잃는 등 피해가

컸어. 하지만 대부분의 전투가 유럽 땅에서 일어났기 때문에 미국의 산업 시설 등은 피해가 거의 없었단다. 전쟁으로 곳곳이 폐허가 된 유럽의 나라들은 미국으로부터 공산품을 수입해 갔지. 이 덕분에 미국은 제1차 세계 대전을 계기로 경제가 부쩍 성장했어.

산업 생산량은 늘었고, 기술은 크게 발전했으며, 전 세계 제조업에서 미국이 차지하는 비중이 42퍼센트까지 올라갔지. 미국이 단번에 세계 제일의 수출국으로 떠오른 거야. 이때부터 세계 경제의 중심이 유럽에서 미국으로 옮겨 왔다고 볼 수 있어. 경제가 풍요로워지자 다른 산업 분야도 쑥쑥 성장했지. 뉴욕 등 대도시에는 하늘로 쭉쭉 뻗은 고층 건물들이 줄지어 들어서기 시작했어.

이때 가장 눈에 띄는 변화는 바로 자동차의 보급이라고 할 수 있을 거야. 포드 자동차라고 들어 봤지? 포드는 1903년 설립된, 아주 오래된 자동차 회사야. 제1차 세계 대전 이전만 해도 자동차는 매우 비쌌어. 그래서 일부 부자들만 타고 다녔지. 하지만 전쟁이 끝나면서 포

미국인들의 필수품이 된 포드 자동차

드 자동차는 값싼 자동차를 많이 만들어 내는 데 성공했어. 자동차는 일반 미국인들의 생활필수품이 되었지. 1929년에는 집집마다 한 대씩 자동차를 가질 정도였어. 포드 자동차를 만든 헨리 포드는 지금까지도 '자동차 왕'으로 불린단다.

냉장고가 보급되고 여가 생활로 영화관에 가게 된 것도 이즈음이지. 국민 소득이 늘어나고 여유가 생겼기 때문에 문화도 발전한 거야. 라디오의 등장으로 어디를 가나 음악 소리도 끊이지 않았고 '재즈'라는 음악도 크게 인기를 끌었어.

많은 사회학자들은 '자유로운 나라 미국'이라는 이미지가 바로 이때 만들어진 것이라고 보고 있어. 사람들의 생활 수준이 계속 높아지자 화려하고 비싼 물건이 쏟아졌고 소비가 크게 늘었어. 당시 미국인들에게 세상은 온통 장밋빛으로 가득했지.

재즈 열풍

한 번쯤 '재즈'라는 말을 들어 본 적이 있을 거야. 재즈는 색소폰, 콘트라베이스, 피아노 등이 멋지게 어우러져 흥을 돋우는 음악이야. 정해진 악보나 원곡의 멜로디에 얽매이지 않고 연주자들이 순간순간의 느낌을 표현하는 음악 장르라고 보면 돼. 그래서 재즈를 '가장 자유로운 음악'이라고도 해. 재즈는 1910년대 초반 뉴올리언스에서 처음 시작됐어. 흑인들이 일하며 즐기던 민요와 백인들의 음악이 결합돼 재즈라는 독특한 장르를 만든 거지.

제1차 세계 대전 이후 미국 경제가 좋아지자 흑인들은 일자리를 따

라 남쪽에서 북쪽으로, 시골에서 도시로 이주하기 시작했어. 이들이 즐기던 재즈 역시 미국 전 지역으로 퍼져 나갔지.

녹음과 음향 기술이 빠르게 발전하고, 축음기와 음반이 대량 생산되면

재즈 음악을 연주하는 재즈 오케스트라

서 재즈 음악을 즐기는 사람이 크게 늘었어. 1920년대는 '재즈의 시대'라고 해도 지나친 말이 아닐 정도로 선풍적인 인기를 끌었단다.

재즈 하면 누구나 떠올리는 가수는 루이 암스트롱이야. 그의 'What a Wonderful World'라는 노래는 전 세계에서 지금까지도 사랑받고 있단다. 그는 1901년 뉴올리언스 흑인 빈민가에서 태어나고 자랐지. 밤마다 뒷골목에서 재즈 연주를 하다가, 시카고와 뉴욕으로 진출해 재즈를 백인들에게 알리는 데 큰 역할을 했어.

당시 정치인들이나 종교인들은 재즈가 미개하고 타락한 음악이라고 비난했는데, 암스트롱이 그런 생각을 확 바꿔 놓았단다. 지금도 암스트롱은 재즈의 상징이자 미국 문화의 상징으로 많은 사람들의 기억 속에 남아 있어.

대공황과 뉴딜 정책

1910~1920년대 미국은 말 그대로 흥청거리던 때였어. 경제가 그 이상 좋을 수가 없었거든. 제1차 세계 대전으로 전쟁터가 된 유럽 국가들이 미국에서 식량과 탄약, 물자를 앞다투어 사들이고 돈을 빌렸단다. 전쟁이 끝난 뒤에도 미국산 공산품이 유럽을 휩쓸었지. 덕분에 독립한 지 150년 만에 미국은 세계 최대의 부자 국가가 되었어.

수입이 늘어나면서 미국인들은 너도나도 주식에 투자하기 시작했어. 주식 시장은 뜨겁게 달아올랐지. 주식에서 번 돈으로 뉴욕의 크라이슬러 빌딩, 엠파이어스테이트 빌딩 등 하늘을 찌를 듯 치솟은 마천루도 여기저기 들어섰어. 1920년대 말 주가는 매일 최고치를 기록했단다. 많은 전문가들이 주식 시장이 너무 올랐다고 경고했지만 사람들은 무시했어.

결과는 어땠을까? 주식 시장이 크게 폭락했어. 비유로 설명해 볼게. 풍선을 불고 있다고 생각해 봐. 처음에 풍선이 부풀기 시작할 때, 누구나 크고 멋진 풍선을 만들길 원하지. 그런데 어느 순간에는 부는 것을 멈추어야 해. 풍선은 너무 많이 불면 터지니까. 그런데 멈추지 않고 계속 불면 뻥 하고 터질 수밖에 없지.

1929년 10월 초부터 주식 시장은 크게 흔들리기 시작했어. 주가 지수는 두 달 사이에 반으로 떨어지고 말았단다. 쉽게 말하자면, 가지고 있던 1만 원짜리 주식이 순식간에 5천 원이 된 거야. 사람들이 공포에 빠졌지. 대공황의 시작이었어. 에드워드 챈슬러가 쓴 《금융투기의 역사》라는 책은 당시의 주식 시장 분위기를 이렇게 적고 있단다.

중개인들은 미친 사람처럼 고래고래 소리를 내질렀다. 서로 머리채를 휘어잡기도 했다. 통화량 폭증으로 전화는 불통이었다. 다우존스 산업평균지수는 시장을 공황으로 내몰았다.

주식 시장의 중요한 기능 가운데 하나는 기업들에게 투자할 돈을 만들어 준다는 점이야. 기업은 돈이 있어야 물건을 만들고 그것을 팔아서 돈을 벌겠지? 그런데 주식 시장에 들어오는 돈이 없으니 기업들은 투자를 못 했어. 그 결과, 수많은 기업들이 순식간에 문을 닫아야만 했지. 당시 약 10만 개의 회사가 없어졌다고 해.

돈을 빌려 가야 할 기업들이 사라지니, 은행은 또 어떻겠어? 역시 문을 닫을 수밖에. 약 6천 개의 은행이 없어지면서 사람들이 은행에 저축한 돈도 허공으로 사라지고 말았단다.

회사가 없어지면 또 무슨 일이 생길까? 일자리가 없어지지. 공황이 시작됐을 때 미국의 실업자 수는 300만 명 정도였는데, 이후 매주 10만 명씩 늘어났고 1933년에는 전체 노동자 인구의 4분의 1인 1,300만 명이 일자리를 잃고 말았지. 몇 년 전까지만 해도 경기 호황에 들떠 있던 미국인들이 이제 실업자가 되어 길거리에 나앉게 된 거야. 겨우 일자리를 지킨 사람들도 임시직으로 일하거나 월급이 크게 깎여야 했어.

많은 미국인들이 하루하루 끼니를 걱정해야 했어. 영화감독 올리버 스톤과 역사학자 피터 커즈닉이 함께 쓴 《아무도 말하지 않는 미국 현대사》에서는 당시의 상황을 이렇게 묘사하고 있어.

> 무료 급식을 타려는 사람들이 모든 도시마다 장사진을 쳤다. 노숙자들이 거리를 배회했다. 비참한 현실은 도처에 널렸고, 절망만이 깊이 스며들었다.

대공황 당시의 무료 급식

하지만 고난이 길어지면, 사람들은 이를 벗어나기 위한 방법을 찾기 마련이지. 미국 정부는 갖은 정책을 써서 공황에서 벗어나려고 몸부림쳤단다. 특히 1933년 제32대 대통령에 당선된 프랭클린 루스벨트의 역할이 컸어. 루스벨트는 과감한 성격이었지. 그는 '뉴딜'이라고 불리는 개혁 정책을 시행했는데, 이는 우리말로 번역하면 '새로운 처방' 또는 '대전환'이라는 의미를 갖고 있어.

루스벨트는 실업자들에게 일자리를 만들어 주기 위해 여러 가지 공공사업을 벌였단다. 가령 댐이나 다리, 도로, 학교, 공항 등을 만드는 공사를 시작해서 많은 사람들에게 일거리를 주었지. 청년 실업자를 위해 나무 심기, 냇가 청소, 공원 관리 등의 일자리를 만들기도 했어. 사람들이 월급을 받아야 그것으로 먹을 것을 사고, 그러면 동네 가게도 장사가 잘될 수 있기 때문이지.

특히 테네시강을 개발하는 사업은 실업률을 줄이는 데 크게 기여했어. 미국 중부에는 테네시강이라는 큰 강이 흐르는데, 매년 홍수가 나서 여러 도시에 큰 피해를 입혔단다. 1933년 루스벨트는 이 강에 엄청난 규모의 댐을 만들 것을 지시했어. 덕분에 수많은 사람들이 일자리를 얻었고 지역 경제도 크게 좋아졌지.

루스벨트 대통령은 사회 보장 혜택도 크게 늘렸어. 가난한 사람들에게는 세금을 깎아 주거나 돈을 나눠 주기도 했어. 장애인과 노인을 지원하는 법안도 마련했지. 대신 돈을 많이 버는 사람들은 세금을 더 내도록 만들었단다. 또 실업에 대비해 노동자 고용 보험 제도를 도입했지. 노동자들을 대변할 수 있는 노동조합을 지원하는 법률도 마련했어. 그 덕분에 이 시기에 미국 사회에서 노동자들의 힘이 상당히 커질 수 있었지.

1930년대 후반이 되면서 뉴딜 정책으로 미국 경제와 사회는 점점 안정을 되찾게 되었어. 대공황은 미국인들에게 많은 교훈을 줬어. 무엇보다 자율에만 맡기는 시장 경제는 한계가 있으니, 필요에 따라 정부가 개입해야 한다는 것을 깨달았지. 또 미국인들은 사회 복지 제도의 중요성에 대해서도 알게 되었단다. 사람이나 국가나 아픈 만큼 성숙해지나 봐.

10장

제2차 세계 대전과 냉전 시대

일본의
진주만 공습

　우리 한반도가 외세의 침입을 받은 게 몇 번이나 될까? 자료를 살펴보면 지난 5천 년 역사 동안 수백 번 침입을 받았다고 해. 그 많은 외침을 이겨 내고, 지금은 우리나라가 당당히 세계 10대 경제 강국으로 자리매김하고 있지.

　미국은 어떨까? 역사가 짧은 탓도 있지만, 미국 땅이 전쟁에서 다른 나라의 침입을 받은 경우는 거의 없었어. 특히 미국 본토는 미영 전쟁 이후로 단 한 번도 침범을 당하지 않았어. 그런 점에서 '진주만 공습'은 주목할 만한 역사적 장면이지. 많은 미국인들은 지금도 이 사건을 치욕으로 기억하고 있단다.

1941년 12월 7일 일요일, 미국 하와이주 오아후섬에 있는 진주만 해군 기지에서는 하와이 특유의 화창한 날씨 속에 군인들이 여유를 즐기고 있었어. 옹기종기 모여서 잡담을 하거나, 침대에서 늦잠을 즐기거나, 본토에 있는 가족들에게 편지를 쓰면서 말이야.

일본의 기습 공격으로 침몰하는 애리조나호

그런데 그때 진주만 북쪽에서 일본 전투기들이 보였단다. 일본군이 진주만 기습 공격을 시작한 거지. 이 공격으로 12척의 미국 해군 함선이 부서지거나 침몰했고, 188대의 비행기가 추락하거나 손상을 입었지. 무엇보다 2,335명의 군인과 68명의 민간인이 목숨을 잃었어.

당시 공습이 얼마나 처참했는지는 현재 하와이에 있는 애리조나호 기념관에서 볼 수 있어. 이 기념관은 당시 가장 큰 피해를 입은 애리조나호의 이름을 따서 만들었단다. 애리조나호는 공격을 받은 지 불과 9분 만에 침몰했어. 미국인들은 비극을 잊지 않기 위해 침몰한 애리조나호를 그대로 두고 그 위에 기념관을 지었어. 아픈 역사를 결코 잊지 않겠다는 뜻이겠지.

프랭클린 루스벨트 대통령은 이날을 '치욕의 날'로 선포했어. 그리고 3일 뒤 일본에 전쟁을 선포하고, 연합국 편에서 전쟁에 참여했어. 결국 1945년 미군이 일본 히로시마와 나가사키에 원자폭탄을 터뜨리면서 진주만 공습은 일본의 패망으로 연결되고 말았지.

도대체 일본이 왜 진주만을 공격한 걸까? 이에 대한 답을 찾으려면, 먼저 제2차 세계 대전에 대해서 살펴봐야 해. 1939년 9월 1일 나치 독일이 폴란드를 침공하면서 제2차 세계 대전이 시작되었어. 이탈리아와 일본은 독일 편에 섰지. 그리고 폴란드와 동맹국인 프랑스와 영국, 중국, 그리고 소련이 연합국을 만들어 대항했어. 미국은 처음부터 전쟁에 직접 참여한 것은 아니었어.

하지만 미국은 아시아에서 일본의 침략 행위를 면밀히 지켜보고 있었단다. 특히 일본이 만주를 점령한 뒤 중국과도 전쟁을 벌이자(1937년 중일 전쟁), 아시아에 끼치는 미국의 힘이 약해질까 걱정했지. 미국은 전쟁 물자가 되는 고철과 석유가 일본에 수출되지 못하도록 막았어. 미국 안에 있는 일본 재산도 처분하지 못하게 했고 일본 배가 파나마 운하를 통과하는 것도 막아 버렸지.

이런 조치들은 일본이 점령지에서 물러나라는 의미였지만, 일본의

불만은 점점 커져만 갔단다. 대부분의 석유를 미국과 인도네시아에서 수입하던 일본에게 석유 봉쇄는 치명적인 위협이었어. 일본은 결국 미국과 전쟁을 하기로 결정했지.

방법은 진주만 공습이었어. 하와이 진주만에 기지를 둔 미국 태평양 함대를 무력화한다면, 한동안 미국이 힘을 쓰지 못할 것이라고 생각한 거지. 그사이 일본은 점령한 식민지를 국제 사회에서 인정받을 시간을 벌 수 있고, 동남아에서 석유를 얻어 미국에 본격적으로 맞설 수 있다는 계산이었지.

하지만 일본이 놓친 점이 있었어. 미국의 역량은 일본이 생각한 것보다 훨씬 강했던 거야. 진주만을 공격한 지 1년도 채 안 되어 미국은 태평양 함대를 원상 복구했지. 당시 최강국이었던 영국보다 미국이 훨씬 강하다는 사실을 일본이 몰랐던 거지. 미국은 또 애초부터 유럽이 안정되는 대로 태평양 지역에 집중할 생각을 가지고 있었어. 일본이 빼앗은 식민지들을 그대로 놔둘 생각이 절대로 없었던 거지.

실제로 진주만 공습 이후, 미국은 역사상 전례 없는 분노와 전쟁 의지를 보여 주었단다. 국력을 총동원해 제2차 세계 대전에 적극적으로 참전했어. 그리고 원자폭탄을 만들어 히로시마에 떨어뜨림으로써 일본의 항복을 받아 냈지. 진주만 공습에 대한 보복을 한 동시에 미국이라는 나라가 세계 최강국이라는 사실을 전 세계에 보여 준 거야.

참고로, 전쟁 초기 연합국으로 불리던 국가들(영국, 프랑스, 영국 연방 국가들, 중국, 소련)은 진주만 공습 이후 미국이 연합국에 합류하면서, '국제 연합'으로 불리기 시작했단다. 전쟁이 끝나고 나서 승리한 나라들은 유엔 헌장을 만들고 국제 조직으로서의 유엔(국제 연합, United Nations)을 공식 출범시켰지.

소련과의 오랜 대립

전쟁에서 제일 중요한 것은 무엇일까? 맞아, 무기야. 성능 좋은 무기로 싸워야 이길 확률도 높겠지. 그런데 무기 없이 싸우는 전쟁도 있어. 이런 전쟁을 '냉전'이라고 불러. 제2차 세계 대전 이후 미국의 역사는 냉전에서 출발한단다.

냉전은 제2차 세계 대전 이후 미국 쪽 세력과 소련 쪽 세력 사이에 갈등, 긴장, 경쟁 상태가 이어진 시기를 말해. 두 세력은 군사 동맹, 핵무기 개발, 군비 경쟁, 그리고 우주 진출 등에서 격렬하게 대립했단다. 겉으로는 싸우는 게 안 보였지만 사실상 전쟁을 한 셈이지.

제2차 세계 대전에서 미국과 소련은 같은 연합국이었어. 전쟁이 끝나 갈 무렵, 미국과 서방 연합군은 서유럽에서 버티고 있었고, 소련은 중부 유럽을 차지하고 있었지. 전후 처리를 위해 1945년 2월에 얄타 회담이 열렸지만, 미국과 소련을 비롯한 연합국은 전쟁에 휘말렸던 유럽 국가들의 국경을 어떻게 정할지에 대해 확실하게 뜻을 모으지 못했단다.

전쟁이 다시 일어날 경우를 대비해 국제 안보 체제를 어떻게 만들지에 대해서도 미국과 소련은 서로 다른 생각을 하고 있었지. 미국을 비롯한 서방 연합국은 유엔을 통해 국가 간의 다른 생각들을 해결할 수 있는 안보 체제를 만들고자 했어. 반면, 소련은 자기 나라와 국경을 맞댄 나라들의 정치에 간섭하면서 세력을 키우려고 했지.

두 나라의 큰 차이는 서로 다른 이데올로기를 가지고 있었다는 거야. 이데올로기는 쉽게 말해 국가가 가지고 있는 생각이나 신념을 말해. 미국은 민주주의, 소련은 공산주의였지.

이런 갈등 속에 소련은 점령하고 있던 몇몇 유럽 국가를 강제로 흡수해 버렸어. 그러자 미국은 유럽에서 공산주의 국가가 늘어날까 봐 잔뜩 긴장했지. 트루먼 대통령은 1947년 3월 미국 의회에서 '소련과 공산주의 봉쇄'를 중요한 외교 정책으로 발표했어. 그리고 그해 5월, 공산화를 막고 경제를 지원한다는 명분으로 터키와 그리스에 4억 달러를 지원했어. 더 나아가서 미국은 무려 120억 달러나 되는 큰돈을 서유럽 국가

들의 경제를 되살리는 데 사용했어. 1948년에서 1951년 사이에 진행된 이 일을 역사에서 '마셜 플랜'이라고 부르지.

소련의 당시 지도자였던 스탈린은 미국의 유럽 원조를 못마땅하게 생각했어. 그래서 봉쇄 작전으로 맞섰어. 동유럽에 있는 공산권 국가들과 당시 소련이 점령하고 있던 독일의 베를린을 봉쇄해 버린 거야. 하지만 미국은 공수 작전으로 계속해서 베를린에 경제 원조를 진행했어. 그러면서 1949년 유럽 11개 나라와 함께 '북대서양 조약 기구(NATO)'를 만들어 소련을 견제하기 시작했지.

소련도 가만히 있지 않았겠지? 1949년 소련은 핵폭발 실험을 하며 미국을 위협했지. 1950년 2월에는 중국과 동맹을 맺고, 1955년에는 북대서양 조약 기구에 대항하는 '바르샤바 조약 기구'를 출범시켰어. 이것은 일종의 공산주의 국가들 사이의 안보 조약이지.

이후에도 미국과 소련은 사사건건 대립했단다. 소련은 라틴 아메리카, 동남아시아 등 여러 곳에서 공산주의 혁명을 지원하고, 미국은 이를 저지하기 위해 때로는 군사적으로 끼어들기도 했어. 1950년대 초, 미국은 제2차 세계 대전 패전국인 서독이 군대를 창설하는 것을 지원하고, 일본에 미국의 군사 기지를 만들 계획도 세웠지.

미국은 또한 인도차이나 반도(지금의 베트남, 캄보디아, 라오스 등이 있는 땅)가 공산화되는 것을 막기 위해, 당시 이 지역을 식민 지배하고 있던 프랑스에게까지 적극적으로 지원했어.

냉전 시대는 우리나라와도 깊이 관련이 있어. 바로 한국 전쟁이야. 1950년 6월 25일 북한이 남한을 공격하자, 트루먼 대통령은 의회의 승인 절차도 거치지 않고 즉각적으로 미군을 우리나라에 보냈어. 미국으로서는 소련을 등에 업은 공산주의 세력이 한반도를 차지하도록 내버려둘 수 없었거든.

전쟁 초기에는 미군과 유엔군, 국군이 크게 밀렸지. 그러다가 맥아더 장군이 인천 상륙 작전을 성공시켜 기세를 뒤집었어. 그러나 곧 수십만 명의 중국군이 개입함으로써, 전쟁은 승패가 나지 않고 지루하게 계속되었지. 결국 1953년 휴전이 선언되었고 안타깝게도 남과 북은 지금까지도 (휴전이기는 하지만) 전쟁 상태로 대치하고 있는 거란다.

한국 전쟁 이후에도 냉전은 계속됐어. 미국과 소련은 노골적으로 또는 비밀스럽게 자기 세력을 늘려 갔지. 소련의 새 지도자 흐루쇼프는 미국, 소련 어느 쪽과도 동맹을 맺고 있지 않던 제3세계의 나라들(인도 등)을 자기편으로 만들었어. 그리고 1959년 쿠바가 공산화되자, 곧바로 쿠바와도 동맹을 맺었어. 소련은 또 수소 폭탄을 개발하고 1957년에는 세계 최초의 인공위성 스푸트니크호를 쏘아 올리면서 힘을 과시했지.

미국도 가만있지 않았어. 중앙정보국(CIA)을 이용해 눈엣가시 같던 이란과 과테말라의 정권을 무너뜨렸지. 아이젠하워 대통령은 남베트남을 적극 지원했단다. 당시에는 베트남이 남과 북으로 나뉘어 있었고, 공산주의를 선택한 북베트남으로부터 남베트남을 보호하기 위해서였어.

특히 '쿠바 미사일 위기'는 냉전이 어느 정도 심각했는지 짐작할 수 있게 해. 1962년 10월 16일 소련이 쿠바에 핵미사일을 배치한 거야. 쿠바는 미국 바로 밑에 있는 나라였으니 미국으로서는 소련의 행동을 도저히 받아들일 수 없었지. 두 나라 사이의 긴장이 급격히 높아졌고 잠깐 동안이었지만 두 강대국이 핵전쟁을 벌일 수 있을 정도로 위험했지.

냉전 시대는 1991년 소련이 무너지면서 끝났어. 하지만 소련을 이어받아 들어선 러시아는 여전히 사회주의 국가의 대부 역할을 하고 있단다. 중국, 쿠바, 북한 등과도 긴밀한 관계를 맺고 있지. 그렇기 때문에 지금도 미국과 러시아는 물밑에서 치열한 전쟁을 하고 있다고 보는 게 맞아.

냉전 시대 동안 미국은 소련과 경쟁을 하느라 힘들었지만, 미국인들의 삶은 크게 좋아졌어. 소득이 높아지면서 대형 고급차를 타는 사람들이 크게 늘었고, 진공청소기, 세탁기, 토스터, 믹서, 다리미 등 가전제품들을 사용하면서 생활도 아주 편리해졌단다. 집집마다 따뜻한 물을 마음대로 쓸 수 있는 난방 시스템도 갖추기 시작했지.

지금 보면 이런 게 뭐 대수냐고 할 수 있지만 당시에는 엄청난 변화였어. 살기 좋아지면서 출산율도 급속히 늘었고 도시가 커진 것도 이 시기의 특징이라고 할 수 있지.

11장

혼돈의 시대

흑인 민권 운동의 시작

냉전이 진행되던 시기 동안 많은 미국인들은 국가에 대해 큰 자부심을 가지고 있었어. 그들은 공산주의에 맞서 민주주의를 지켜야 한다고 굳게 믿었지. 경제는 눈부시게 성장했고, 생활도 눈에 띄게 나아졌어. 그러나 한편으로는 풀어야 할 과제들도 점차 쌓여 갔어. 사회 변화를 원하는 젊은이들의 요구가 거세졌고 부모 세대와 갈등도 커졌거든. 무엇보다 인종 갈등이 큰 사회적 문제가 됐단다.

링컨의 노예 해방 선언 기억하지? 남북 전쟁 중인 1863년에 있었던 일이지. 하지만 노예 해방 선언 이후에도 흑인들은 여전히 법적으로 많은 차별을 받았단다. 대표적인 것은 '짐 크로 법'이었어. 이 법은 공공장소에서 흑인과 백인의 분리와 차별을 정해 놓은 것이었어. 그래서 버스나 공원, 화장실 같은 장소에 백인과 흑인의 자리가 따로 있었지.

어느 날 흑인 여성 로자 파크스는 버스 안에서 뒤편 흑인 전용 자리에 앉았어. 그런데 백인들 자리가 모두 차자 버스 기사는 로자 파크스에게 자리에서 비키라고 지시했고, 로자 파크스는 이를 거부했어. 로자 파크스는 결국 체포되었어. 이에 분노한 사람들은 인종 차별 정책에 반대하면서 시위를 했고 이 시위를 계기로 미국 민권 운동이 시작되었지. 민권 운동이란 법 앞의 평등을 요구하는 정치 운동을 말해.

하지만 백인 우월주의 단체는 노골적으로 흑인들을 탄압했어. 흑인들은 이유 없이 폭력을 당하는 경우도 많았단다. 또 1870년에 흑인들이 법적으로 참정권을 얻기는 했으나, 투표를 하는 건 매우 어려웠어. 백인들이 투표장에서 흑인들을 쫓아냈거든. 미시시피주에서는 선거인으로 등록하려는 흑인 농부를 하원 의원이 죽이는 일까지 발생할 정도였지.

1950년대 들어서면서 흑인들은 목소리를 높이기 시작했어. 피부색과 상관없이 평등하게 대우해 달라고 외쳤지. 초기의 흑인 민권 운동은 법으로 소송을 걸어 싸우거나 정치적으로 로비를 벌이는 게 대부분이었어. 그 가운데 '브라운 대 토피카 교육위원회' 사건이 특히 주목을 받았어.

캔자스주 토피카에 초등학교 3학년인 흑인 소녀 린다 브라운이 살고 있었어. 린다는 집에서 가까운 백인 학교를 두고 1.6킬로미터나 떨어진 흑인 학교까지 매일 걸어서 가야 했어. 린다의 아버지는 백인 학교로 전학을 신청했지. 하지만 교장이 피부색이 다르다며 단칼에 거절한 거야. 화가 난 린다의 아버지는 소송을 걸었어.

결론은 어떻게 났을까? 연방 대법원은 백인과 유색 인종을 같은 공립 학교에 다닐 수 없게 하는 것은 헌법 위반이라고 판단했어. 당시로서는 혁명적인 판결이었지. 이후 미국 공립 학교들은 인종 차별을 없애기 위한 각종 조치를 만들기 시작했어.

흑인 민권 운동이 확산되면서 일부 흑인들은 폭력적으로 시위를 벌이기도 했어. 그럴 때면 경찰은 곤봉, 채찍, 소방 호스, 경찰견을 이용해 시위대를 위협하거나 체포했지. 그러나 대다수의 참가자는 비폭력으로 맞섰단다. 평화적으로 시위를 하는 것이 흑인 민권 운동에 더 도움이 될 것이라는 판단에서였어.

예를 하나 들어 볼게. 1960년 노스캐롤라이나주의 그린즈버러에 있는 흑인 대학 신입생 네 명이 백인들만 식사할 수 있는 식당에 들어간 일이 있었어. 식당 주인은 그들을 내쫓았지. 다음 날 그들은 다시 그 식당으로 갔어. 그다음 날도 계속. 그러다 보니 다른 흑인들도 함께했어. 2주일 만에 이 운동은 남부 5개 주 15개 도시로 빠르게 퍼져 나갔지. 평화적인 시위였지만 이 일로 2천여 명의 흑인 학생들이 체포되었어.

비폭력 운동은 언론으로부터 긍정적인 평가를 받았고, 결국에는 미국 의회와 백악관도 관심을 두기 시작했단다.

함께 행진하며 시위하는 민권 운동가들(1963년 워싱턴 D.C.)

흑인 민권 운동에서 또 하나 중요한 사실은 흑인 교회의 역할이야. 흑인 교회는 예배 장소를 제공했을 뿐만 아니라 지역 사회의 정치적 활동을 지원하는 역할까지 했단다. 특히 흑인 목사들이 적극적으로 나섰지. 가장 잘 알려진 사람은 마틴 루서 킹 목사였어. 그는 강한 지도력으로 세계적인 명성을 얻었지. 1963년 8월 28일 노예 해방 선언 100주년을 맞아 시민 25만 명이 모여 흑인 차별 폐지를 외치던 '워싱턴 대행진'에서 킹 목사는 유명한 연설을 남겼어.

나에게는 꿈이 있습니다. 내 어린 자녀들이 자신의 피부색이 아닌 인격에 따라 평가되는 나라에서 살게 되리라는 꿈이 있습니다.

그저 다른 피부색을 가졌을 뿐인데, 그것 때문에 평생 차별을 받아야 하다니 너무 가슴 아픈 일이지. 킹 목사의 연설은 인종 차별 문제의 심각성을 일깨우고 미국 민권 운동을 발전시키는 데 크게 이바지했다는 평가를 받고 있어. 킹 목사는 1964년 노벨 평화상을 수상했단다.

킹 목사가 연설한 지 수십 년 만에 미국은 첫 '흑인 대통령'을 탄생시켰어. 바로 2009년에 제44대 대통령으로 당선된 버락 오바마야. 수많은 흑인들이 오바마의 당선에 감격해 눈물을 흘렸단다. 그 덕분에 흑인들의 상황도 조금씩 나아졌어. 흑인들 가운데 많은 사람들이 중산층으로 올라설 수 있었지. 하지만 인종 갈등은 여전히 미국 사회의 큰 숙제란다. 최근에는 백인 경찰이 쏜 총에 맞아 죽는 흑인들이 늘면서 '흑인 목숨도 소중하다'는 운동이 전국적으로 확산되고 있단다.

참고로 이 시기에는 흑인 인권 운동의 확산과 함께, 여성 인권 운동도 활발하게 이루어졌어. 1960~1970년대 많은 미국 여성들이 남성과 똑같은 기회를 누리지 못하는 현실 때문에 실망하고 변화를 요구했거든. 여성들은 경제와 교육 분야에서 남성과 동등하게 경쟁할 기회를 얻기 위해 법률과 사람들의 생각을 바꾸고자 노력했어.

케네디 대통령 암살 사건

대통령이 총에 맞아 죽는다면 어떻게 될까? 끔찍한 일이지. 나라가 큰 혼란과 위기에 빠질 수도 있어. 그런데 미국에서 실제로 그런 일이 일어났단다. 제35대 대통령이었던 존 F. 케네디가 암살을 당한 거야.

1963년 11월 22일 낮 12시 30분. 케네디 대통령 부부는 지붕이 열린 차를 타고 텍사스주 댈러스 시내에서 퍼레이드를 하고 있었어. 다음 해 있을 대통령 선거를 대비해 유세를 하기 위해서였지. 길거리에 있는 시민들은 대통령에게 반갑게 손을 흔들었고 온통 축제 분위기였어. 그런데 어디선가 세 발의 총소리가 들렸어. 그리고 케네디 대통령이 목에

총을 맞고 쓰러졌지.

 범인은 해병대 출신인 리 하비 오즈월드였어. 그는 곧바로 도망쳤지만 다음 날 체포되었고 이틀 뒤 총에 맞아 살해되었단다. 추리 소설에 나올 만한 이야기지. 범인이 죽었기 때문에 왜 케네디 대통령을 죽였는지는 오늘날까지도 미궁에 빠져 있단다.

 케네디 대통령의 암살은 많은 미국인을 큰 충격에 빠뜨렸어. 최고 지도자가 죽었다는 슬픔도 있었지만 너무나 많은 미국인들이 사랑했던 대통령이었기 때문에 슬픔은 더욱 컸단다.

케네디 대통령과 환호하는 댈러스 시민

여기서 잠깐 케네디 대통령이 어떤 사람인지 알아볼까? 존 피츠제럴드 케네디는 1917년 5월 29일 미국 매사추세츠주 브루클라인에서 태어났어. 케네디 집안은 19세기 후반 아일랜드에서 이주해 온 사람들이었지. 당시 미국은 대부분 개신교도였는데, 케네디 집안은 로마 가톨릭을 믿고 있었어.

케네디의 아버지는 집안에서 대통령이 한 명쯤 나오길 원했어. 그런 기대에 부응하려고 했는지, 케네디는 명문 하버드대학에 입학했지. 그리고 국제관계학을 열심히 공부해서 최우수 성적으로 졸업했어. 제2차 세계 대전 중에는 해군 장교로 참전하기도 했지. 이후 정치에 발을 들여놓은 케네디는 승승장구했어. 하원의원으로, 상원의원으로, 그리고 1960년 대통령 선거에서 공화당 후보 리처드 닉슨을 누르고 당선되었지. 당시 그의 나이는 43세. 미국 최연소 대통령이 된 거야.

케네디는 대통령으로 일하는 동안 역사적으로 주목받은 많은 일을 했어. 역사가들은 그를 미국 진보주의와 자유주의의 상징이었다고 평가하고 있단다. 그는 약소민족이 국가를 만들려는 민족주의 운동을 지지했고 가난한 국가들을 적극적으로 지원했지. 미국의 농산물을 신생국들에게 나누어 주려는 '평화 식량 계획'을 세운 것도 그 때문이었어. 또 라틴 아메리카 국가들과 동맹을 맺어 경제 개발을 돕기도 했지. 케네디 대통령은 이렇게 말했어.

> 극심한 빈곤에 시달리는 전 세계 절반의 사람들, 집단적 가난의 사슬에서 벗어나려는 사람들, 우리가 최선을 다해서 그들을 도울 것을 맹세합니다. 아무리 시간이 오래 걸리더라도 계속 도울 겁니다.
> 공산주의 세력이 그렇게 하기 때문이 아닙니다. 가난한 국가들을 우리 편으로 만들려는 것도 아닙니다. 오직 그것이 옳기 때문입니다.

케네디는 대통령이 된 이후, 누구나 인생의 2년을 개발 도상국에서 봉사해 세계 평화에 기여하자는 캠페인을 벌였어. 그리고 1961년 연방 정부 안에 '미국 평화 봉사단'을 설립했지. 이 단체의 목적은 기술을 가진 미국 청년을 동남아시아, 아프리카, 중앙아메리카, 남아메리카 등에 2년간 보내서 개발 도상국을 돕도록 하는 거야. 이 단체는 지금도 운영되고 있단다.

케네디 대통령은 국제 평화 정착을 위해서도 많은 노력을 했어. 그는

핵무기 개발과 사용에 반대했지. 그래서 영국과 소련을 설득해 '부분적 핵실험 금지 조약'(1963년)을 만들었어. 이것은 대기권 내, 우주 공간이나 바다 밑에서 핵무기 실험을 하지 말자는 국제 약속이야. 핵무기 경쟁을 억제하고, 핵폭발에 의한 방사능 물질로 환경이 오염되는 것을 막자는 목적이었지.

케네디 대통령이 서베를린에서 했던 연설은 역사적으로 매우 유명해. 제2차 세계 대전에서 패한 이후 독일은 동독과 서독으로 나뉘었고, 베를린도 둘로 쪼개져 동베를린(동독 소유)과 서베를린(서독 소유)이 되어 있었어.

1961년 소련은 동베를린 사람들이 서베를린으로 자꾸 넘어가자, 동독을 부추겨 서베를린 전체를 분리하는 '베를린 장벽'을 세웠지. 그 뒤 이 장벽은 냉전의 상징으로 떠올랐어. 케네디는 1963년 6월 26일 연설에서 이렇게 말했어.

> 오늘날 자유 세계에서 가장 자랑스러운 말은 단연 '나는 베를린 시민입니다'일 것입니다. ……모든 자유인들은, 그 사람이 어디에 있건 베를린의 시민입니다. 자유인으로서 저 또한 '나는 베를린 시민입니다'라는 말을 자랑스럽게 여길 겁니다!

또 케네디 대통령은 많은 개혁을 했어. 무엇보다 인종 차별에 반대했지. 그는 학교나 공공시설에서 흑인을 차별해서는 안 된다고 주장하면서 인종 차별주의자들을 공개적으로 비난할 정도였단다.

그의 장례식은 세계적으로 큰 관심을 끌었어. 장례는 국장으로 치러졌으며, 세계 92개국의 국가 원수와 사절단이 참석했어. 뉴욕의 아이들와일드 국제공항은 케네디의 업적을 기려 '존 F. 케네디 국제공항'으로 이름을 바꾸었단다.

아폴로 11호의 달 착륙

1950년대부터 1980년대까지는 혼란의 시대이기는 했지만, 미국은 우주 개발에서 큰 업적을 이루어 냈단다. 바로 달 착륙이지. 생각해 봐. 동화책에 나오는 달은 어떤 곳이야? 토끼가 방아 찧는 곳? 아니면 호랑이를 피해 하늘로 올라간 오누이 중 오빠가 변해서 달이 되었다고도 하지. 그런데 그런 곳에 사람이 진짜로 갈 수 있다니 정말 놀라운 일이었어.

오랫동안 사람이 달에 가는 건 불가능한 꿈에 가까웠어. 하지만 냉전 시대 동안 미국과 소련은 미사일, 로켓 같은 무기 경쟁에 엄청난 돈을 들였고 이 경쟁은 우주 기술 개발로 이어졌지. 처음에는 소련이 앞서갔어. 1957년 최초의 인공위성 스푸트니크 1호를 쏘아 올렸거든.

이 때문에 과학 기술 분야에서 세계 최고라고 생각했던 미국은 자존심에 큰 상처를 입었어. 미국은 이후 우주 개발에 엄청난 돈을 쏟아부었고 결국 4개월 뒤 미국 최초의 인공위성 익스플로러 1호가 우주로 날아올랐단다. 그러자 소련은 인류 최초로 지구 궤도를 도는 비행에 성공하면서 한발 또 앞서갔어. 유리 가가린이 그 우주선에 탔지.

미국은 달 착륙이라는 야심찬 계획을 세우고 온 힘을 다했어. 케네디 대통령은 1960년대가 끝나기 전에 인간을 달에 착륙시키겠다고 공언까지 할 정도였어. 그래서 만들어진 곳이 '미국항공우주국(NASA)'이란다. 그리고 마침내 아폴로 11호가 달 착륙에 도전했지.

1969년 7월 16일 아폴로 11호 발사 당일, 플로리다주 케네디 우주 센터 근처에는 발사 장면을 보기 위해 전국에서 수백만 명의 사람들이 몰려와 있었어. 당시 미국 대통령 리처드 닉슨은 이 광경을 백악관에서 지켜보고 있었지. 발사 장면은 텔레비전으로 전 세계에 중계되었어.

하늘로 날아오른 아폴로 11호는 굉음을 내며 우주로 날아갔지. 그리고 나흘 뒤인 7월 20일 달 착륙선인 이글호가 달의 표면에 착륙했어. 착륙한 뒤 6시간이 지났을 즈음 마침내 선장인 닐 암스트롱이 달에 첫발을 내디뎠단다. 암스트롱은 달에 첫발을 내디디며 이렇게 말했어.

이것은 한 사람에게는 작은 발자국이지만, 인류에게는 위대한 도약이다.

뒤이어서 달 착륙선 조종사 버즈 올드린도 달 표면에 발을 디뎠어. 이 장면은 텔레비전으로 생중계되어 전 세계 7억여 명이 달 착륙을 지켜보았단다. 암스트롱과 올드린은 2시간 30분 동안 달에서 걸어 다니면서 암석과 흙 등을 채집했지. 또 지구와 달과의 거리를 측정하기 위한 레이저 반사판, 지진을 탐지하는 지진계 등 과학 실험 장치를 달 표면에 설치했어.

달 착륙은 20세기의 결정적인 순간 중 하나였어. 인류의 역사에서 주목할 만한 장면이라는 거지. 그리고 이런 업적을 일궈 낸 미국은 과학 강국으로서의 면모를 세계에 제대로 보여 주었지. 지금도 미국은 우주 개발에서 가장 앞서 있는 나라란다.

―
암스트롱이 달 표면에 남긴 발자국

171

12장

오늘과 내일의 미국

미국을 이해하는 4가지 키워드

지금까지 대서양 연안의 작은 식민지로 시작한 미국이 현재까지 어떻게 변하고 발전해 왔는지 살펴봤어.

이러한 역사를 통해 현재의 미국을 어떻게 이해할 수 있을까? 몇 가지 키워드로 정리해 볼게.

첫 번째 키워드는 '힘'이야

미국은 '힘의 논리'가 아주 강한 나라야. 원주민을 힘으로 몰아내고 힘으로 멕시코, 스페인 등과 전쟁을 벌여 땅을 넓혔지. 미국은 오늘날에도 아프리카와 중동, 유럽 등 전 세계의 크고 작은 분쟁에서 '경찰국가' 역할을 자처하고 있어. 9.11 테러 이후 아프가니스탄, 이라크 두 나라와 전쟁을 벌여 정부를 바꾸기도 했어. 지금 이 순간에도 많은 다른 나라에 미군을 주둔시키고 있단다. 우리나라에도 주한 미군이 있지.

국가 간 갈등을 해결하는 것은 국제 평화를 위해서 중요해. 그런 점에서 세계 최강대국 미국의 간섭과 중재는 필요하다고 볼 수도 있지. 하지만 미국이 경찰국가 역할을 하는 것이 석유를 확보하기 위해서라거나 미국 기업의 해외 진출을 돕는 등 자국의 이익만을 좇는 게 아닐지 눈여겨봐야 해.

두 번째 키워드는 '다양성'이야

미국은 인종이나 문화적으로 매우 다양한 국가야. 이것은 미국이 처음부터 이민자를 받아들여 만들어진 나라이기 때문이지. 현재 미국에는 200여 인종이 살고 있어. 우리는 보통 백인, 흑인, 히스패닉(스페인어를 사용하는 중남미계의 미국 이주민), 아시아계 등으로 나누지만, 실제로는 훨씬 더 복잡하단다.

가령 백인들 중에도 유태인, 아일랜드계, 독일계 등 다양하거든. 게다가 골프 선수 타이거 우즈처럼 여러 인종의 핏줄이 섞여 있는 사람들도 빠른 속도로 늘고 있어. 미국에 살고 있는 우리나라 사람들도 다른 나라에서 온 사람들과 결혼하는 경우가 꽤 많단다.

인종만큼 문화도 다양하지. 음식도 다양해. 뉴욕이나 시카고, 로스앤젤레스 같은 대도시에서는 그만큼 다양한 나라의 식당을 찾을 수 있지. 영어가 공용어이기는 하지만 사용되는 언어도 셀 수 없이 많단다. 이는 미국 이민 정책의 변화 때문이야. 처음에는 미국에 오면 모국의 문화를 버리고 미국화되어야 한다는 '용광로 정책'을 실시했으나, 나중에는 소수 민족의 전통과 문화가 서로 뒤섞이는 '샐러드 볼 정책'으로 돌아섰거든. 다문화주의를 미국의 기본 문화 자산으로 정한 거지.

하지만 다양성 이면에 여전히 '인종 차별'이 남아 있다는 점도 잊지 말아야 해. 링컨의 노예 해방 선언으로 노예 제도는 없어졌지만, 흑인에 대한 차별은 사라지지 않았단다. 직장을 구하거나 은행에서 돈을 빌릴 때, 또 경찰의 단속을 받을 때 흑인들은 자신이 차별당하고 있다고 생각해. 이들의 주장을 뒷받침하는 통계도 많아 흑백 갈등은 미국 사회가 풀어야 할 아주 중요한 숙제 가운데 하나야.

세 번째 키워드는 '아메리칸 드림'이야

아메리칸 드림이란 아무것도 가진 것이 없는 바닥에서 모든 것을 가진 꼭대기까지 올라갈 수 있는 사회라는 말이지. 서부 개척 당시를 떠올려 봐. 기회를 찾아 무수히 많은 미국인들이 새로운 땅으로 이주했잖

아? 황무지를 개간하면서 '하면 다 이룰 수 있다'는 문화가 퍼졌지.

미국 역사에서 맨손으로 이민 와서 성공한 사례는 셀 수 없이 많아. 지금도 샌프란시스코 실리콘밸리에 가면 수많은 젊은이들이 새로운 사업을 하려고 줄 서 있단다. 의지와 아이디어만 있으면 성공할 수 있다는 믿음이 아주 강한 나라지. 페이스북이나 애플, 구글, 마이크로소프트, 아마존 등 지금은 유명한 세계적인 회사들이 처음에는 허름한 차고에서 사업을 시작했단다.

다만 미국은 경제의 자유를 매우 중요하게 생각하는 자본주의 나라여서, 자본이 많은 대기업이나 은행들의 힘이 아주 커. 그래서 새로운 사업에 진출하기는 쉽지만, 경쟁이 아주 치열하지.

마지막 키워드는 '민주주의'야

미국은 대통령 중심제를 세계 최초로 만들고 지금까지 유지하고 있단다. 입법부와 사법부, 그리고 행정부의 삼권이 뚜렷하게 나뉘어 있고, 견제와 균형이 잘되고 있지.

또 민주주의의 핵심인 '표현의 자유'가 거의 절대적으로 보장되는 나라가 미국이야. 수정 헌법 1조에는 민주주의에 필요한 언론의 자유, 시위의 자유 등 다섯 가지 기본권이 담겨 있어. 2020년 코로나19로 온 나라가 위기인데도 미국인들은 마스크를 쓰고 거리로 나와 흑인 인권 보장을 요구하는 시위를 벌일 정도지. 또 미국 언론이나 시민들이 대통령을 비난하거나 조롱하는 일은 흔해. 시민들이 여러 가지 의견을 자유롭게 말하도록 허용하면, 결국에는 진실이 이길 것이라는 믿음이 있기에 가능한 일이야.

자유롭게 자신의 생각을 표현하는 시민들

오늘의 미국을 한마디로 표현하기는 어려워. '복잡성'을 가진 나라지. 하지만 분명한 것은 변화를 두려워하지 않고 끊임없이 변화를 만들어 가는 나라라는 사실이야. 정치, 경제, 과학, 기술, 문화 등 여러 면에서 항상 도전을 해 온 나라가 미국이라고 할 수 있어. 다양한 사람들과 인종, 문화를 포용하며, 갈등과 혼란 속에서도 질서와 조화를 찾기 위해 노력하는 나라이기도 해.

미국은 1700년대 말 건국 당시부터 내세웠던 '자유'와 '민주주의', '기회' 등의 핵심 가치를 여전히 간직하고 있는 나라야. 앞으로 미국의 모습이 어떻게 변할 것인지는 지난 300여 년 역사에서 만들어 온 '미국의 정신'을 어떻게 잘 실천하느냐에 달려 있을 거야.

열살에 꼭 알아야 할
미국사

초판 1쇄 발행 2021년 11월 19일
초판 3쇄 발행 2024년 8월 26일

지은이 | 박창섭 윤현주
그린이 | 나수은
펴낸이 | 한순 이희섭
펴낸곳 | (주)도서출판 나무생각
편집 | 양미애 백모란
디자인 | 박민선
마케팅 | 이재석
출판등록 | 1999년 8월 19일 제1999-000112호
주소 | 서울특별시 마포구 월드컵로 70-4(서교동) 1F
전화 | 02)334-3339, 3308, 3361
팩스 | 02)334-3318
이메일 | book@namubook.co.kr
홈페이지 | www.namubook.co.kr
블로그 | blog.naver.com/tree3339

ISBN 979-11-6218-175-1 73900

값은 뒤표지에 있습니다.
잘못된 책은 바꿔 드립니다.

*종이에 베이거나 긁히지 않도록 조심하세요.
*책 모서리가 날카로우니 던지거나 떨어뜨리지 마세요. (사용연령: 8세 이상)
*KC마크는 이 제품이 공통안전기준에 적합하였음을 의미합니다.